Bruce Wilkinson

Das Gebet des Jabez für Teens
mit David Knopp

Bruce Wilkinson

Das Gebet des Jabez für Teens

mit David Kopp

Schulte & Gerth

Die amerikanische Originalausgabe erschien im Verlag
Multnomah Publishers, Inc.,
unter dem Titel „The Prayer Of Jabez For Teens".
© 2001 by Bruce Wilkinson
© der deutschen Ausgabe 2003 Gerth Medien, Asslar
Aus dem Amerikanischen übersetzt von Roland Renz.

Best.-Nr. 815 796
ISBN 3-89437-796-8
1. Auflage 2003
Umschlaggestaltung: David Carlson Design/Hanni Plato
Satz: Die Feder GmbH, Wetzlar
Druck und Verarbeitung: GGP Media, Pößneck
Printed in Germany

*Für unsere Tochter Jessica.
Mit jedem Jahr staunen wir mehr über dich!
Und dein 14. Lebensjahr macht keine Ausnahme.
Du bist so ein besonderes Geschenk für unsere Familie.
Alles Liebe, Papa*

*Besonderen Dank an meinen Mitautor,
David Kopp,
für deine Hilfe, diese Botschaft in Worte zu fassen;
an Heather Harpham Kopp
für deine geschickte Überarbeitung;
an Marcus Brotherton
für deine hervorragenden Beiträge;
und an die vielen Teens,
die ihre Geschichten beigetragen und mir gezeigt haben,
wie Gott gegenwärtig handelt,
wenn er auf mutige Gebete eingeht.*

Inhalt

Vorwort 9

1. Kapitel
Kleiner Mann, großes Gebet 11
2. Kapitel
Fragen kann man ja 23
3. Kapitel
Zur Größe bestimmt 35
4. Kapitel
Die Kraftquelle 49
5. Kapitel
Von Gladiatoren lernen 63
6. Kapitel
Das Gebet des Jabez gehört dir 77

Anleitungsteil
Jabez-Gespräche 87

Über den Autor 96

Ein Mann namens Jabez war der angesehenste unter seinen Brüdern. Bei seiner Geburt hatte seine Mutter gesagt:
„Ich habe ihn mit Schmerzen geboren", und deshalb hatte sie ihn Jabez genannt.
Er selbst aber hatte zum Gott Israels gebetet:
„Segne mich und erweitere mein Gebiet!
Steh mir bei und halte Unglück und Schmerz von mir fern!"
Diese Bitte hatte Gott erhört.

1. Chronik 4, 9-10

Vorwort

Liebe Teens,
an euch habe ich gedacht, als ich das *Gebet des Jabez für Teens* schrieb. Überall auf der Welt führen uns junge Menschen mitten in eine Gebetsrevolution. Sie erleben, wie Gott Wunder tut. Und ich will nicht, dass ihr verpasst, was gerade im Aufbruch ist!
Dieses kleine Buch bringt am Anfang alles, was wir auch in das Original, den Bestseller *Das Gebet des Jabez,* gesteckt haben; danach stellen wir die Frage:

> Wenn Gott die Welt durch einen Jugendlichen wie dich verändern wollte:
> Wie würde er dich wohl gern beten hören?

Von diesem Ausgangspunkt aus überlegen wir, wie ihr mit einem mutigen Gebet jeden Tag eures Lebens gestalten könnt. Es ist kurz – nur ein Satz mit vier Aussagen – und findet sich in einem Teil der Bibel, den die meisten gar nicht lesen. Ich glaube aber, dass hier der Schlüssel zu einem Leben steckt, das man sich nicht spannender und bedeutungsvoller vorstellen kann.
Willst du wissen, was hinter der Jabez-Revolution steckt?
Dann los, hinein ins Abenteuer!

Bruce H. Wilkinson

Er **selbst** aber hatte zum Gott Israels gebetet...

1. Kapitel

Kleiner Mann, großes Gebet

Manchmal spult sich das Leben einfach so ab wie ein Riesenknäuel Schnur. Jeden Morgen rollst du dich aus dem Bett, nimmst den Faden da auf, wo du ihn am letzten Abend abgelegt hast – und dann geht es wieder los. Heute läuft es praktisch genau so wie gestern. Wieder ein Tag, wieder ein Stück Schnur, und das große braune Knäuel wickelt sich einfach nur ab ...

Manche Tage aber sind ganz anders. Sie rollen nicht so vorbei; sie haben Gewicht. Irgendetwas passiert und alles hat sich verändert.

Da kommt zum Beispiel ...

- ein Anruf, der die Dinge auf den Kopf stellt
- ein Umzug in eine andere Stadt
- irgendetwas, das jemand sagt oder tut
- eine wichtige Entscheidung
- ein Unfall

Egal was es ist, diese eine Sache verändert dein Leben. Vielleicht verbessert sich etwas, vielleicht nicht. Als ob man um die Ecke biegt und geradewegs eine Welt erblickt, die man noch nie gesehen hat.

In diesem Buch geht es auch um so eine Sache – um ein kleines Gebet, das dein Leben total verändern wird.

Manchmal sehe ich dieses Gebet als unsichtbare Revolution, weil es ganz tief im Innern beginnt. Zuerst werden dir Dinge ganz neu bewusst. Dann verändern sich deine Gedanken und Gefühle. So langsam folgen deine Wünsche an Gott und deine Erwartungen. All das kommt uns so mysteriös vor, so weit weg … doch eines Tages macht es Klick! Du schaust dich um und stellst fest, dass dein Leben um Längen besser ist als vorher!

Wenn du schon mal darüber nachgedacht hast, dass dein Leben mehr Inhalt haben sollte, statt sich nur wie die eben erwähnte Schnur abzuwickeln, dann wird es Zeit, einen Mann mit dem Namen Jabez kennen zu lernen (übrigens wird Jabez hinten mit einem scharfen z ausgesprochen).

Als Jabez so darüber nachdachte, was für eine Art Leben am passendsten für ihn wäre, machte er eine Bestandsaufnahme. Was er da an sich beobachtete, gefiel ihm nicht. Er schaute sich an, womit er arbeiten musste, wer seine Familie war und was die Zukunft bringen könnte, und *alles das gefiel ihm nicht*. Er kam sich wie ein Niemand ohne Zukunft vor. Er hätte sich damals wahrscheinlich zutreffend als *Langweiler, Verlierer* oder einfach nur *Dumpfbacke* beschreiben können.

Tat er aber nicht.

Vielmehr unternahm er etwas. Er sprach ein kleines Gebet.

Ich erzähle gleich mehr über diesen Mann namens Jabez und sein Gebet, aber erstmal stelle ich dir eine Frage. *Bist du bereit, dich heute auf etwas einzulassen, was aus einem normalen ein absolut ungewöhnliches Leben macht?*

Wenn ja, dann lies weiter. Wie sich herausstellen wird, ist das genau die Art Leben, die Gott uns versprochen hat. Lass mich erklären, was ich damit meine ...

Die Bitte um ein Leben mit mehr Stellenwert

Als ich 5 war, wollte ich ein Feuerwehrauto fahren. Mit 7 war Cowboy mein Traumberuf. Als ich 10 war, wollte ich für die New York Yankees spielen oder vielleicht Auftragskiller für die Mafia werden. (Kommt dir das allmählich bekannt vor?) Mit 15 wollte ich im Hochsprung bei der Olympiade mitmachen.

Mit 26 dann, kurz vor dem Abschluss an der Uni, hatte ich aber leider keine Ahnung, was ich werden wollte. Nur eins war mir klar – ich wollte, dass mein Leben wichtig für Gott wird. Ich tappte ziemlich im Dunkeln. Meine Frau Darlene und ich beteten oft zusammen für unsere Zukunft. Was hatte Gott mit unserem Leben vor?

Eines Tages hörte ich einen Vortrag von Dr. Richard Seume. Er stellte die Frage: „Möchtest du eine größere Vision für dein Leben?" *Größer?*, fragte ich mich. *Ich hab ja schon vor, Gott zu dienen und anständig zu leben. Ist das nicht groß genug?*

Dr. Seumes Grundlage für diese Herausforderung war die kürzeste Lebensgeschichte, von der ich je gehört hatte – nur drei Sätze im Alten Testament. Die Biografie, um die es hier ging, beschrieb einen Mann namens Jabez. Als Erstes steht in der Bibel über ihn: „Jabez war der angesehenste unter seinen Brüdern" (1. Chronik 4,9). Dr. Seume sagte, dass auch wir so etwas anstreben sollten. Jabez wollte für Gott mehr sein und mehr tun.

> Gebet ist eine unsichtbare Revolution.
> All das kommt uns so mysteriös vor,
> so weit weg ...
> doch eines Tages macht es Klick!

Ich ging nach Hause und betete: *Herr, ich glaube, so ein Leben will ich auch. Ich möchte dir mehr Ehre machen.* Dabei schwirrten mir lauter Fragen im Kopf herum. *Was hat Jabez denn gemacht, womit er mehr Ansehen hatte als die andern? Und warum hat Gott sein Gebet erhört?*

Ich nahm mir die Bibel vor und las das Gebet des Jabez. Irgendetwas an diesem Gebet musste des Rätsels Lösung sein. Stellen wir uns das mal vor: Hier ist ein Typ, der ins Geschichtsbuch kommt, weil er ein Gebet sprach, das etwas in Gang setzte. Ich las mir sein Gebet immer wieder durch und fragte mich dabei, welche Zukunft Gott für einen so normalen Menschen wie mich im Sinn haben könnte.

Am nächsten Morgen betete ich das Gebet des Jabez Wort für Wort nach.

Am übernächsten auch.

Und ich machte weiter.

Und weißt du was? 30 Jahre später habe ich immer noch nicht aufgehört, das Gebet des Jabez zu sprechen, und Gott reagiert immer noch darauf. Wenn man mich fragen würde, welche Worte – vom ersten Gebet, mit dem ich Jesus in mein Leben einlud, mal abgesehen – mein Leben am meisten verändert haben, dann würde ich sagen, dass es dieses Gebet eines kaum bekannten Mannes war, der Jabez hieß.

Jabez und du

Ich glaube, dass dir eine Begegnung mit Gott bevorsteht, genauso wie mir damals. Warum sage ich das? Weil du genau jetzt dieses Buch liest. Gott hat dich dazu gebracht, weil er deine Hoffnungen und Träume kennt. Er weiß, dass dein Leben noch nicht komplett ist. Er weiß aber auch, dass du mit deinem Leben etwas Besseres anfangen willst als bloß „das Übliche" zu erreichen. Sonst könntest du dir auch die platten Erfolgsgeschichten irgendwelcher Wirtschaftsbosse als Vorbild nehmen.

In vieler Hinsicht bist du Jabez ähnlich. Du stehst am Anfang deines Lebens, weißt aber schon, dass es hundert Sackgassen gibt, in denen du dich festfahren kannst, sogar auf Dauer. Das hast du aber nicht vor. Du möchtest etwas Größeres. Vielleicht sogar etwas Riesiges.

Du bist dir bloß nicht sicher, wie das läuft. Aber jetzt wirst du es bald herausfinden. Wenn du mehr über Jabez und sein kurzes Gebet erfährst, wirst du die Bekanntschaft mit einem Gott machen, der sich auch in deinem Leben bemerkbar macht. So hast du dir Gott bisher vielleicht nicht vorgestellt:

- Er möchte dir mehr geben, als du je zu bitten wagst.
- Er hat einen großen und wichtigen Plan für dein Leben.
- Er ist damit beschäftigt, durch Leute wie dich Wunder zu tun – jeden Tag.

Willst du mitmachen? Oder kommen dir so große Versprechungen verdächtig vor? Ich weiß, dass diese Aussagen wahr sind, weil Gott es an meinem eigenen Leben bewiesen hat. Er beweist es zur Zeit an Tausenden von Menschen in der ganzen Welt. Vor allem aber steht es so in der Bibel.

Ein Mann ohne Zukunft

Jemand hat einmal gesagt, dass die Menschen sich eigentlich nur sehr wenig voneinander unterscheiden – aber diese kleinen Unterschiede machen unglaublich viel aus. Jabez ist kein großer biblischer Held wie Noah oder Mose oder David. Tatsächlich haben die meisten Menschen noch nie etwas von ihm gehört. (Es geht ihm so ähnlich wie einem Kind in der Schule, das weder viel redet noch besonders beliebt ist. Viele übersehen es glatt.) Schlimmer noch, Jabez mit seiner Geschichte steckt in der 1. Chronik und damit auf den am seltensten gelesenen Seiten der Bibel. Die ersten neun Kapitel der 1. Chronik bestehen aus einer langen Liste von ungewohnten Namen, die sogar Gelehrte kaum aussprechen können.

Nehmen wir mal das 4. Kapitel: „Als Nachkommen Judas folgten aufeinander: Peres, Hezron, Karmi, Hur, Schobal ..." Und das ist erst der Anfang.

Ahumai ...

Jischma ...

Jidbasch ...

Hazlelponi ...

Anub ...

Ich habe das vollste Verständnis für dich, wenn du plötzlich den Drang verspürst, dieses Buch wegzulegen und nach der Fernbedienung zu greifen. Halte noch aus. Denn 44 Namen später kommt auf einmal unsere Geschichte ans Tageslicht:

Ein Mann namens Jabez war der angesehenste unter seinen Brüdern. Bei seiner Geburt hatte seine Mutter gesagt: „Ich habe ihn mit Schmerzen geboren", und deshalb hatte sie ihn Jabez genannt. Er selbst aber hatte zum Gott Israels gebetet: „Segne mich und erweitere mein Gebiet! Steh mir bei und halte Unglück und Schmerz von mir fern!" Diese Bitte hatte Gott erhört (1. Chronik 4, 9-10).

> **Bist du darauf gefasst, dich heute auf etwas einzulassen, das aus einem normalen ein ungewöhnliches Leben macht?**

Das ist alles. Mit dem nächsten Vers geht die Aufzählung der Namen weiter, als wäre nichts gewesen – Kelub, Shuha, Mehir ...

Ist dir klar, was hier los ist? Irgendetwas an Jabez ließ den halb eingedösten Geschichtsschreiber aufhorchen. Er räusperte sich und machte einen taktischen Wechsel. „Augenblick mal!", scheint er zu sagen. „Der Leser muss einfach mehr über diesen Typ Jabez erfahren. Der ist dem ganzen Rest doch klar überlegen!"

Was war es, das Jabez so besonders gemacht hat? Du kannst die Bibel von vorn bis hinten absuchen (wie ich) und wirst außer in diesen beiden Versen kein Stückchen mehr Information über Jabez finden. Die noch kürzere Version dieser sowieso schon kurzen Geschichte würde so aussehen:

- Anfangs sah es nicht gut aus für einen Menschen, von dem noch nie jemand gehört hat.
- Er sprach ein ungewöhnliches Gebet, das aber nur aus einem Satz bestand.
- Dann entwickelte sich alles erstaunlich gut, weil Gott seine Bitte erhörte.

Dieses Ergebnis lässt sich eindeutig auf sein Gebet zurückführen. Irgendetwas an der Bitte des Jabez veränderte sein Leben, mit dem er einen dauerhaften Eindruck in den Geschichtsbüchern Israels hinterließ. Ich möchte seine vier Wünsche noch einmal auflisten:

1. „Bitte segne mich!"
2. „Bitte erweitere mein Gebiet!"
3. „Steh mir bei!"
4. „Halte Unglück und Schmerz von mir fern!"

Auf den ersten Blick kommen uns die vier Bitten vielleicht schon ganz ehrlich und vernünftig vor, aber nicht so besonders bemerkenswert. Hinter allen vier Bitten stecken aber Erkenntnisse von großer Tragweite, wie sie von vielen Christen nie erfasst werden.

Wenn du dieses Gebet auf deinen Alltag wirken lässt, dann wird so einiges passieren.

Hinein in die Fluten!

Wann hat Gott sich zuletzt so spürbar in deinem Leben gezeigt, dass du ohne jeden Zweifel gewusst hast, dass es sein Wirken war? Genauer gesagt, wann hast du zuletzt ein Wunder erfahren? Wenn es bei dir ähnlich läuft wie bei den meisten Jugendlichen aus meiner Bekanntschaft, dann hast du gar keine Ahnung, wie man um solche Erfahrungen betet – oder ob man das überhaupt machen sollte.

Vor kurzem war ich in Dallas und hielt vor 9.000 Zuhörern einen Vortrag darüber, wie Jabez gesegnet wurde. Später erzählte mir ein Mann beim Mittagessen: „Bruce, ich habe dich vor 15 Jahren schon zum Thema Jabez gehört und habe seitdem immer wieder dieses Gebet gesprochen. Gott hat Wunder über Wunder getan, und das war so überwältigend, dass ich nur weitermachen kann."

Weltweit lernen Jugendliche, genau so zu beten. Ich habe Schüler kennen gelernt, die das Gebet des Jabez die gesamte Schulzeit hindurch täglich begleitet hat. Ich kenne Jugendgruppen, die es gebetet haben, bevor sie auf missionarische Einsätze gegangen sind.

Erst vor ein paar Tagen bekam ich eine E-Mail von einem Jungen namens Brandon: „Wenn man wie Jabez betet, muss man sich auf was gefasst machen!", schrieb er. Er erzählte mir, dass er gerade einen denkbar schlechten Tag erlebt hatte – eine Reifenpanne an seinem Auto, die Freundin hatte mit ihm Schluss gemacht. Er blieb trotzdem bei dem Gebet, von dem hier die Rede ist. In den nächsten Tagen führte er intensive Gespräche mit drei seiner Freunde über das Thema Gott und

Glaube. Und jetzt das Tollste: Sie waren alle *zu ihm gekommen* und hatten von sich aus angefangen, ihn über Gott auszufragen! „Gott erhört Gebete", schrieb Brandon. „Ich bin erst 16, und Gott kann anscheinend etwas mit mir anfangen, obwohl ich das nie gedacht hätte."

> Gott weiß, dass du mit deinem Leben etwas Besseres anfangen willst, als bloß das Übliche zu erreichen.

Gott stellt dir wirklich ein außergewöhnliches Leben in Aussicht. Alle die Dinge, die du für ihn und mit ihm erreichen wirst, hat er schon vor deiner Geburt geplant (Epheserbrief 2, 10)! Für dich bleibt nur noch die Aufgabe, sein Bestes für dein Leben tatsächlich zu wollen ... und dann auch von ganzem Herzen darum zu bitten.

Stell es dir einmal so vor: Statt neben dem Fluss zu stehen und um ein Glas Wasser zu bitten, das dir durch den Tag hilft, machst du etwas Undenkbares. Du nimmst das kleine, aber viel versprechende Gebet für dich in Anspruch und *springst in den Fluss!* Von da an lässt du zu, dass der Strom der Gnade und Kraft Gottes dich vorwärts trägt. Gottes großer Plan für dich umhüllt dich ganz und gar und spült dich in das spannende Leben, das auf dich wartet.

Wenn du das willst, dann mach Schluss mit der Langeweile von Tagen, die wie am Schnürchen abgewickelt werden, einer nach dem andern. Dann lies weiter.

Wenn man sich **vorstellt,** was eine Million Teenager **schaffen** könnte...

„Oh, dass du mich segnen mögest ..."

2. Kapitel
Fragen kann man ja

Kannst du dich erinnern, wie du deine Eltern oft um Dinge angebettelt hast, als du noch klein warst? Das ging ganz einfach: Süßigkeiten, Eis, Spielzeug, ein neuer Ball, eine Puppe, die die Windeln nass macht und 37 Anziehsachen als Zubehör hat – der letzte Wunsch kam vielleicht auf die Geburtstagsliste, und dann wurde täglich nachgehakt. Sonst hätte es ja am Ende passieren können, dass deine Eltern nicht merken, wie ernst es dir ist!

Im Rückblick betrachtet warst du ganz schön selbstsüchtig, oder?

Klar.

Na ja, vielleicht doch nicht. Man kann es ja auch so sehen: Du warst überzeugt, dass deine Mutter und dein Vater dich lieben und glücklich machen *wollen*. Du wusstest, dass sie reich sind (wenn man noch klein ist, sind alle Erwachsenen im Verhältnis stinkreich). Du wusstest, dass kein Kind jetzt weniger Geschenke von seinen Eltern bekäme, weil du deins bekommen hast – anders gesagt, niemand würde etwas *verlieren*, wenn du etwas *gewinnst*. Schließlich wusstest du auch, dass es richtig ist, wenn deine Eltern als Erste von deinem allergrößten Wunsch erfahren. Es ist bei Eltern natürlich, für ihre Kinder zu sorgen. Das ist ihr Job.

Was war also selbstsüchtig an dieser Bettelei? Sieh es mal so: Für ein Kind ist es absolut vernünftig, um jede gewünschte Sache zu bitten, und zwar so oft wie nötig. Wie soll es sie sonst bekommen? Und nun kommt meine Frage. Könnte es möglich sein, dass Gott von dir erwartet, mit der gleichen fröhlichen (na schön, leicht unverschämten) Zuversicht eines Kindes zu ihm zu kommen und ihn um das Allerbeste zu bitten, das er für dich hat?

Ich habe so viele Christen kennen gelernt, die diese Vorstellung für verkehrt halten. Sie haben Angst, gierig oder unreif zu wirken, wenn sie Gott um Wohltaten bitten. So etwas hat Jabez nie geglaubt. Ganz tief im Innern wusste er etwas, wovon die meisten unserer Zeitgenossen keine Ahnung haben: Er war überzeugt, dass Gott ihn liebte und ihn *wirklich* segnen wollte. Er traute ihm das zu, weil Gott über grenzenlose Macht und Mittel verfügt. Bei solch einem Vertrauen auf seinen himmlischen Vater war es für Jabez ganz natürlich, genau die Bitten zu äußern, die Gott von uns hören will.

Vielleicht war es nicht nur Vertrauen, aus dem heraus er betete. Vielleicht wollte er ein Experiment wagen. Oder er hatte keine Alternativen mehr.

Wo siehst du dich selbst in dieser Geschichte?

Schauen wir uns die Szene mal aus der Nähe an.

Ein Tausch, der sich lohnt

Soweit wir wissen, lebte Jabez während der Zeit der Richter im südlichen Israel (etwa 1200 v. Chr.). Er wurde als Angehöriger des Stammes Juda geboren, des gleichen Stammes, aus dem später auch David und Jesus kommen sollten. Jabez hatte viele Nachkommen, womit geklärt ist, warum sein Name in den Registern der Chronik auftaucht.

Doch seine Geschichte fängt eigentlich mit seinem Namen an: „Bei seiner Geburt hatte seine Mutter gesagt: ‚Ich habe ihn mit Schmerzen geboren', und deshalb hatte sie ihn Jabez genannt." Das hebräische Wort *Jabez* bedeutet „Schmerz".

Was hatte sich seine Mutter dabei gedacht, ihm so einen furchtbaren Namen zu geben? War die Geburt so schwierig gewesen? Wollte sie nach ihm keine Kinder mehr haben? War ihr Neugeborener *hässlich* gewesen? Das wissen wir einfach nicht. Ich habe schon ziemlich blöde Namen gehört. Aber „Schmerz" – das ist echt hart. Irgendetwas stachelte Jabez' Mutter an, ihrem Sohn einen extrem unglücklichen Namen auszusuchen.

> Was hatte sich seine Mutter dabei gedacht, ihm so einen furchtbaren Namen zu geben?

Was der Grund auch war, Jabez musste jedenfalls mit einem Spitznamen aufwachsen, den jeder Junge von Herzen gehasst hätte. Wetten, dass er als Kind ständig gehänselt und verspottet wurde?

Die schwerste Belastung aber, die der Name nach sich zog, war die Festlegung von Jabez' Zukunft. In biblischen Zeiten wurde ein Name oft als Vorhersage für das Leben der betreffenden Person gewertet. Zum Beispiel bedeutet *Salomo* „Frieden", und tatsächlich wurde er der erste König Israels, der ohne Krieg regierte. Ein Name wie „Schmerz" machte keine große Hoffnung auf ein gutes Leben.

Nun stellen wir uns einmal Folgendes vor: In der jüdischen Kultur wurde der Junge mit 13 Jahren zum Mann erklärt. Dann schmiedete er seine ersten Zukunftspläne – was er werden und unternehmen, wen er heiraten wollte. Deshalb ist es recht wahrscheinlich, dass Jabez immer noch ein Teenager war, als er schließlich den Tatsachen ins Auge blickte und sich zu seinem Gebet entschloss.

Und dann kam der Durchbruch. Er grübelte nicht mehr über seinen Namen. Er ärgerte sich nicht mehr über seine Mutter. Er hörte nicht mehr auf die Hänseleien. Er machte sich keine Sorgen mehr über seine Vergangenheit und sein „Schicksal".

Er betete. Er sprach das Gebet nicht einfach so dahin. Als er betete, sprach er die größten, unerhörtesten Worte, die er sich vorstellen konnte ...

„Dass du mich doch segnen mögest ..."

Spürst du die Dringlichkeit, die hinter diesem Wunsch steht? Wenn ich einen Film drehen könnte, um die Bedeutung dieses Augenblicks einzufangen, dann würde ich den jungen Jabez vor einer Befestigungsmauer zeigen, die Ausmaße hat wie die Chinesische Mauer. In den Stein eingelassen ist ein riesiges eisernes Tor, verschlossen und versiegelt. Jabez blickt darauf wie gebannt. Er weiß, dass er die Mauer weder übersteigen noch sie umgehen kann.

Doch mit zum Himmel erhobenen Armen ruft der junge

Mann laut: „Vater, o Vater! Bitte segne mich! Und damit meine ich eigentlich ... gib mir jede Menge Segen!"

Noch ist das Echo der letzten Worte an der Wand nicht verhallt, da hört Jabez ein ungeheures Dröhnen. Dann schwingt das riesige Tor in weitem Bogen knirschend auf. Bis zum Horizont blickt er auf die Felder des Segens.

Da macht sich Jabez auf in ein ganz und gar anderes Leben.

Was steckt hinter dem Segen?

Bevor du so wie Jabez beten kannst, musst du dir klarmachen, was das Wort *Segen* bedeutet. Eigentlich hört man es ja jedes Mal, wenn man zur Kirche geht. Wir bitten Gott, unsere Eltern zu segnen, den Tag in der Schule und selbst unsere Erbsen, bevor wir sie essen.

Kein Wunder, wenn die Bedeutung von Segen irgendwie zu so einer Art Wunsch wie: „Mach's gut!" verwässert wird. Kein Wunder, dass es kaum Christen gibt, die mit derselben Dringlichkeit wie Jabez einen Segen empfangen wollen!

Im biblischen Sinne steht hinter der Bitte um Segen der Wunsch nach einer übernatürlichen Gabe. Wenn wir um Gottes Segen beten, dann bitten wir nicht einfach um ein Übermaß an Dingen, die wir uns selbst beschaffen könnten. Wir bitten aufrichtig um solche Wohltaten, die nur Gott in seiner Macht kennen und verleihen kann. Darum steht auch in der Bibel: „Nur von Gottes Segen hängt der Wohlstand ab, eigene Mühe macht ihn nicht größer" (Sprüche 10, 22).

Zum Thema Segen möchte ich dir noch etwas mitgeben:

Den Segen Gottes kann man *spüren*. Wenn Gott uns die tiefsten Herzenswünsche erfüllt, dann wirkt sich das vielleicht auch mal materiell aus, aber er will vor allem immer *unser Herz* anrühren.

Stell dir vor, du bist ein leeres Trinkglas und stehst am Ende eines Stegs. Vor dir liegt ein wunderschöner See. Die Sonne steigt. Dir wird heiß, du bist durstig. „Mensch! Ich könnte den ganzen See austrinken!", rufst du. Dann kommt Gott und füllt dich bis an den Rand mit kühlem, erfrischendem Wasser. Jetzt bist du zufrieden. Du brauchst und willst keinen Tropfen mehr.

So ein Gefühl ist Gottes Segen.

> **Gott segnet immer mit einer bestimmten Absicht.**

Wenn man mal darüber nachdenkt, hat man die Erklärung dafür, warum manche Leute aus deiner Bekanntschaft vielleicht keine Kohle haben, aber trotzdem zu den glücklichsten Menschen der Welt gehören – ihr Glas ist voll. Und deshalb sind auch manche sehr reiche Menschen, die einem über den Weg laufen, trotz ihrer vielen Sachen immer noch unzufrieden.

Mir ist noch etwas aufgefallen: Wirklich gesegnete Menschen sind unterwegs, um andere zu segnen. Gott segnet immer mit einer bestimmten Absicht. Er möchte dich mit seiner Güte beschenken, damit der Segen durch dich anderen

Menschen zufließen kann. Die Bitte um Gottes Segen hat nichts damit zu tun, dass wir immer mehr Kram bekommen, den wir ganz für uns allein verbrauchen. Wir bitten Gott um seine Gnade, damit wir ihm besser dienen und ein Segen für andere sein können.

Du möchtest also Gottes Segen, und zwar ganz dringend? Na, dann los! Er wartet ja nur darauf, ihn dir zu geben.

Die Sache hat allerdings einen Haken ...

Man muss darum bitten

Stell dir vor, du musst feststellen, dass Gott dir heute 23 Segensgeschenke machen wollte – aber du hast nur eins bekommen. Was wäre deiner Meinung nach wohl der Grund dafür?

Da gibt es diese Geschichte von Herrn Schmidt, der nach seinem Tod in den Himmel kommt. Petrus wartet am Tor und macht mit ihm eine Besichtigungstour. Der Himmel ist schon was Tolles, aber mitten in all den großartigen Sehenswürdigkeiten fällt Herrn Schmidt ein seltsames Gebäude auf, eine Art Riesen-Lagerhalle. Als er Petrus bittet, einmal hineinschauen zu dürfen, reagiert Petrus ablehnend. „Ach was, eigentlich wollen Sie das gar nicht sehen", sagt er zum himmlischen Neubürger.

Schmidt kann es gar nicht leiden, Geheimnisse unentschlüsselt zu lassen. *Was könnte da drin wohl warten?*, fragt er sich. Also nervt er so lange, bis sein Führer nachgibt.

Petrus hat das Tor gerade aufgeschlossen, da rennt Herr

Schmidt ihn auch schon beinahe um, so eilig hat er es, hineinzukommen. Nun erblickt er reihenweise Regale, die bis zur Decke reichen. Überall stecken weiße Schachteln mit roten Bändern drum.

„Auf allen Schachteln stehen Namen", wundert Schmidt sich laut. Dann wendet er sich an Petrus und fragt: „Hab ich auch eine?"

„Aber sicher", sagt Petrus. Dann versucht er, Schmidt ins Freie zu geleiten. Der aber lässt sich nicht aufhalten. Er rennt in die Reihe mit dem *S*. Es gibt im Himmel nur 640 Millionen Schmidts, also braucht er nicht lange, bis er seine Schachtel gefunden hat. Petrus ist gerade bei ihm angekommen, als er schon den Deckel hebt. Schon beim ersten Blick weiß Herr Schmidt, was los ist. Dann seufzt er tief auf. Petrus hat solche Seufzer schon oft gehört.

Denn in Herrn Schmidts weißer Schachtel sind die ganzen Segensgeschenke, die Gott ihm schon auf der Erde geben wollte. Aber Schmidt hatte nie darum gebeten.

„Aber ihr bekommt es nicht, weil ihr Gott nicht darum bittet", steht in der Bibel (Jakobusbrief 4, 2). „Bittet", verspricht Jesus, „und ihr werdet bekommen ... Wer von euch würde seinem Kind einen Stein geben, wenn es um Brot bittet? ... So schlecht ihr auch seid, wisst ihr doch, was euren Kindern gut tut, und gebt es ihnen. *Wieviel mehr wird euer Vater im Himmel denen Gutes geben, die ihn darum bitten*" (Matthäus 7, 7; 9; 11, Hervorhebung durch den Autor).

Wir sehen also, dass Gottes Güte zwar keine Grenzen gesetzt sind. Aber wenn du ihn nicht um seinen Segen bittest, dann bekommst du nicht, was er dir geben will.

Das ist der Haken – wenn du nicht um seinen Segen bittest, dann entgeht dir das, was nur durch Bitten geschenkt wird. Gottes Segen für uns wird nur von uns selbst eingeschränkt, nicht durch seine Mittel, seine Macht oder seine Großzügigkeit.

Solltest du bezweifeln, dass Gott so großzügig ist, dann müsstest du den wahren Gott vielleicht einmal richtig kennen lernen ...

Segnen gehört zum Wesen Gottes

Vielleicht bildest du dir beim Beten immer noch ein, zu einer Art Märchengestalt zu reden, die du dir als Kind ausgemalt hast. Vielleicht ist der Gott deiner Fantasie der Klon einer knickerigen Person aus deinem persönlichen Leben, wie Tante Edeltraut oder Opa Kurt. Vielleicht hast du Gott noch nie wirklich gebeten, sich dir persönlich vorzustellen.

Mose tat das schon. Er bat Gott: „Lass mich doch deine Herrlichkeit sehen" (2. Mose 33, 18), und Gott ging darauf ein. Hören wir genau hin, wie Gott sich ihm beschreibt: „Ich bin der Herr! Herr ist mein Name. Ich bin ein Gott voll Liebe und Erbarmen. Ich habe Geduld, meine Güte und Treue sind grenzenlos" (2. Mose 34, 6).

Das also ist Gottes Selbstporträt. Unglaublich, oder? Er ist eindeutig die wunderbarste Person im ganzen Universum. Wenn du die besten Eigenschaften von allen deinen Freunden nehmen und sie mit Tausend malnehmen würdest, dann wärst du erst am Anfang einer Freundschaft mit Gott, dem besten Freund überhaupt!

Jabez hatte seit seiner Kindheit von diesem Gott des Mose gehört. Er war es, der Israel aus der Sklaverei in Ägypten befreit, das Volk sicher durch das Rote Meer gebracht und ihm das verheißene Land gegeben hatte. Wenn Gott so etwas geschafft hatte, dann konnte er auch aus einem ganz normalen Jungen mit einem blöden Namen etwas machen.

Weil Jabez wusste, wer sein Gott war, machte er keine Vorschläge, was er geschenkt haben wollte. Er ließ Gott entscheiden, welche Segensgeschenke er bekommen sollte. Auf die gleiche Weise dürfen wir uns vertrauensvoll an Gott wenden, ihn um seinen Segen bitten und ihm die Einzelheiten überlassen.

Gott möchte dich und mich segnen, weil *er seinem Wesen nach ein segnender Gott ist*. Deshalb wärst du schön dumm, wenn du nicht ein ganzes Leben lang Gott täglich um seinen Segen bitten würdest – und wenn er schon dabei ist, bitte ihn einfach, dich *reichlich* zu segnen!

Vielleicht hast du das Gefühl, auch dein Name sei eigentlich ein Synonym für Schmerz oder Kummer. Das Gebet des Jabez gilt auch für dich. Jabez – Herr Schmerz persönlich – hat seinem Leben eine andere Richtung gegeben, weil er nicht mehr hinnehmen wollte, dass irgendein Hindernis, ein Mensch oder eine Meinung sich in seinem Leben breiter macht als Gottes wahre Persönlichkeit.

Und Gottes Persönlichkeit bedeutet: Er gibt und gibt – immer wieder – seine Geschenke genau solchen Menschen, wie du einer bist!

Mit einem ganz einfachen Gebet kannst du deiner Vergangenheit entfliehen. Du kannst den Lauf der Dinge verändern und gleich jetzt damit anfangen.

Eine Million mit Jabez als Vorbild. Die haben etwas Großes vor.

„Segne mich und erweitere mein Gebiet!"

3. Kapitel

Zur Größe bestimmt

Ich war so dringend auf Geld angewiesen, dass ich mir einen Job im „Hühnerknast" besorgte. Es war mein erster bezahlter Job, und ich wollte wirklich, dass es klappt. Aber wie man sich vorstellen kann, war der Knast – richtig, eine Legebatterie für arme Hühner – ein entsetzlicher Arbeitsplatz. Man konnte den Gestank meilenweit riechen. Die riesigen Wellblechschuppen waren vollgestopft mit Drahtkäfigen. In jedem Käfig drängten sich Dutzende bemitleidenswerter Hühner, die nichts weiter zu tun hatten als zu fressen und aufeinander einzuhacken. Dazu gackerten sie lauthals und legten Eier. Ich hatte den Job, so schnell wie möglich die Eier einzusammeln und die Käfige verschlossen zu halten.

Gleich als ich zu diesen Ställen kam, wusste ich, dass mein Leben auf dem Spiel stand. Denn die Hennen wollten nicht, dass ich ihnen die Eier stahl. Schon nach fünf Minuten ließ ich eins fallen. 2.000 Knopfaugen machten mir klar, dass mir ein Schicksal als Hühnerfutter bevorstand, wenn es mal einen kollektiven Gefängnisausbruch geben sollte.

Nach einer Stunde Sammeln und Stapeln entdeckte ich, dass ich gegen Hühnerfedern allergisch war. Wenn ich keine Eier sammelte, putzte ich mir die Nase. Wenn ich mir die Nase nicht putzte, nieste ich und jonglierte dabei mit rohen Eiern.

Die Minuten wurden zu Stunden. Ich konnte kaum glauben, dass ich so weit heruntergekommen war – Hühnerkacke, fliegende Federn, rollende Eier, und ich mittendrin, dauernd am Niesen.

Kennst du auch solche Augenblicke, wenn du dein Leben betrachtest und denkst: Das also macht meine Existenz aus? Ist das alles, was auf mich wartet? Jabez muss so einen Moment auch erlebt haben. Da seine Angehörigen Bauern oder Hirten waren, musste er viel Zeit mit Arbeiten verbracht haben, bei denen er sich fragte: Läuft so die ganze Geschichte meines Lebens ab?

Die Antwort war einfach: Ja – außer, wenn mir jemand zur Hilfe kommt!

Da entschloss er sich, mehr zu erbitten. Im zweiten Teil seines Gebets flehte er: „Erweitere mein Gebiet!"

> **Das also macht meine Existenz aus? Ist das alles, was auf mich wartet?**

„Ich bin zu Höherem geboren!"

Je nach deiner Bibelübersetzung findest du statt *Gebiet* vielleicht das Wort *Grenze*. Gemeint ist der eigene Grund und Boden mit reichlich Raum zum Wachstum.

Als Jabez also um ein größeres Gebiet betete, bat er Gott um eine Höherstufung, eine Beförderung, ein Leben mit größerer

Bedeutung, mit mehr Qualität ... all das ist hier inbegriffen. Warum? Weil Jabez wusste, dass die Größe seines Gebiets dem entsprach, was er an Möglichkeiten hatte. Und das kleine Grundstück, dass er jetzt vor sich sah, war ihm einfach nicht genug. Er wollte mehr. Eigentlich verspürte er tief in seinem Herzen den Drang zu Höherem.

Recht hatte er. Er lebte zu einem Zeitpunkt der Geschichte Israels, als die Juden immer noch dabei waren, das versprochene Land zu übernehmen. Gott hatte ihnen geboten, das *ganze* Land einzunehmen. Und doch lesen wir allein sieben Mal in einem Kapitel (Richter 1), dass die Stämme Israels eben nicht das ganze Land für sich gewonnen, ja nicht einmal den Versuch dazu gemacht hatten.

Kannst du dir vorstellen, wie enttäuscht Gott von den mickrigen Zukunftsvisionen seines Volkes gewesen sein muss? Merkst du, warum Jabez' Gebet genau das war, was Gott schon lange hören wollte?

Es ist schon ungewöhnlich, wenn jemand betet: „Gott, bitte *segne mich!*" Viel seltener aber hört man die Leute beten: „Gott, bitte *mach mein Gebiet größer!*" Warum? Vielleicht liegt es daran, dass wir meinen, unser Leben sei schon ausgefüllt genug. Oder auch: Es ist einfacher, mit dem zufrieden zu sein, was man schon hat, auch wenn man es nicht mag. Manche von uns sind sogar damit zufrieden, Eier einzusammeln und Hühnerkot zu schaufeln.

Gott aber möchte, dass wir alles in Empfang nehmen, was er uns geben und durch uns tun will. Immerhin stehen sein Ruf und seine guten Pläne für die Welt auf dem Spiel!

Jabez war zu Höherem geboren. Das beweist seine Geschichte. Auch ich war zu Höherem geboren. Das beweist meine Geschichte. Ich habe es nicht mal bis zur Mittagspause geschafft. Mein Chef sah zu, wie ich nieste und gleichzeitig versuchte, den Eiern gerecht zu werden; dann kam die Mitteilung: Hat keinen Zweck – gefeuert! Meine Karriere als Eiersammler war vorbei. Ich verlor meinen ersten Job gleich am ersten Tag!

Auch *du* bist zu Höherem geboren. Gerade jetzt wartet Gott darauf, es dir zu beweisen. In der Bibel steht: „Was keiner jemals gesehen oder gehört hat, was keiner jemals für möglich gehalten hat, das hält Gott für die bereit, die ihn lieben" (1. Korintherbrief 2, 9).

Klären wir also die nächste gute Frage: „Wie könnte das ‚Höhere' in meinem Leben aussehen?"

Das Land hinter deinen Grenzen

Genau so, wie Gott dich *mit einer bestimmten Absicht* segnet, so will er auch dein Gebiet *mit einer bestimmten Absicht* erweitern.

Am liebsten erkläre ich das Wort „Gebietserweiterung" mit dem Begriff „Dienst" im geistlichen Sinne. Das soll dich aber nicht einschüchtern; es ist nur eine Bezeichnung für das, was passiert, wenn Gott dich gebraucht. Wenn das geschieht, dann wird es dir bewusst. Diese Erfahrung stellt alles in den Schatten, was auf Erden sonst noch spannend und sinnvoll sein könnte.

Heißt das, du solltest alle anderen Pläne begraben und Pastor werden? Wahrscheinlich nicht. Ich kenne Börsenmakler, die darum beten, Gott möge den Wert ihrer Investitionen so sehr steigen lassen, dass ihre Kunden einfach *wissen*: Nur Gott kann das bewirkt haben. Ich kenne Schwiegermütter und Lehrer, Lagerarbeiter und Profifußballer, die jeden Tag um erweiterte Grenzen beten.

Meistens erweitert Gott dein Gebiet dadurch, dass er den persönlichen Einfluss vergrößert, *den du schon hast*. Er wird dich zum Dienst an den Menschen einsetzen, deren „Gebiet" an deins grenzt – Verwandte, Nachbarn, Freunde, Mitschüler und sonstige Bekannte.

Denn jeder hat sein Gebiet. Und Gott will deines erweitern und vergrößern, ganz unabhängig von deinem Alter oder deinen Fähigkeiten.

> Am liebsten erkläre ich das Wort „Gebietserweiterung" mit dem Begriff „Dienst" im geistlichen Sinne. Das soll dich aber nicht einschüchtern.

„Dr. Wilkinson, Sie können sich gar nicht vorstellen, wie schüchtern ich bin", schrieb mir neulich Sara. „Aber ich möchte Ihnen erzählen, was auf meinem Campus passiert ist, seit ich angefangen habe, Gott um eine Erweiterung meiner Grenzen zu bitten. Vor etwa einem Monat lief mir eine gewisse Kirsten über den Weg und schien einfach mit mir reden zu wollen. Ich habe Gott um Hilfe gebeten und die meiste Zeit nur zugehört. Sie war der Anlass, dass drei andere Mädchen auch mit mir reden wollten. Zwei davon sind schon Christen geworden. Und ich glaube, Kirsten wird die Nächste sein!"

Egal, in welchen Umständen du lebst, so oder ähnlich könnte sich dein Gebet für ein Leben mit weiteren Grenzen anhören:

„O Gott, ich möchte etwas Großes für dich tun! Bitte, Herr, gib mir mehr Möglichkeiten und vergrößere meinen Einfluss, weil ich mehr Menschen mit dir in Berührung bringen will."

„Hallo, ich bin die Reaktion auf dein Gebet!"

Wenn du anfängst, um mehr Möglichkeiten zum Dienst zu beten, kommen überraschende Begegnungen zu Stande. Du hast das Gefühl, Gott schaut sich deinen Tag an, dann den von jemand anders. Er stellt fest, dass sich eure Wege kreuzen, und sagt: „Hm, ich glaube, ich lasse die beiden zusammentreffen ... *genau hier!"*

So etwas nenne ich ein Jabez-Treffen. Manchmal finden solche Begegnungen mit Menschen statt, die du schon kennst. Manchmal sind es völlig Fremde. Aber du wirst wissen, dass Gott ihn oder sie zu dir geschickt hat.

„Am letzten Tag der Osterferien wachte ich morgens auf und betete so wie Jabez für diesen Tag", schreibt Bess. „Eigentlich habe ich ganz gezielt dafür gebetet, dass Gott mich auf dem Flug nach Hause einsetzt, um von ihm zu erzählen. Also, im Flugzeug saß ich neben einem Mann, dem mein Buch auffiel: *Gründe für den Glauben."*

Damit fing das Gespräch an. Der Mann fragte Bess, wovon das Buch handele. „Ich erklärte es ihm so gut wie möglich, ohne mich lächerlich zu machen", sagte Bess. Als sie erklärt hatte, dass es im Buch um die Suche des Autors nach Jesus ging, sagte der Mann, das würde ihn auch interessieren. Bess schenkte ihm das Buch und er fing an zu lesen.

Bess hatte ein Jabez-Treffen erlebt!

Eines Nachmittags hörte meine Frau Darlene, wie jemand an unserer Eingangstür klopfte. Sie hatte vorher Gott gebeten, ihr beim Kontakt zu den Nachbarn zu helfen. Als Darlene die Tür öffnete, sah sie ein Frau vor sich, die bitterlich weinte. „Ich kenne Sie ja gar nicht richtig", schluchzte sie, „aber mein Mann liegt im Sterben, und ich habe niemanden, mit dem ich reden kann. Können Sie mir helfen?"

Darlene hatte ein Jabez-Treffen.

Ich erlebe diese Jabez-Treffen auf Flughäfen, in Aufzügen und bei Sportveranstaltungen. Sie funktionieren anscheinend nach einem Muster, das so abläuft:

1. Du bittest Gott darum, dein Gebiet zu erweitern. Bitte ihn, dich auf ein mögliches Treffen aufmerksam zu machen.
2. Halte Augen und Herz offen (Gott ist für manche Überraschung gut!).
3. Wenn du glaubst, dass jemand dein Jabez-Partner sein könnte, dann frage diese Person: „Kann ich dir (Ihnen) helfen?" Die jeweils Angesprochenen könnten anfangs überrascht sein, geben aber meist ganz genau an, wie du ihnen helfen kannst.
4. Während du mit dieser Person sprichst, solltest du Gott bit-

ten, durch dich zu wirken. Denk dran, es ist Gottes Werk. Du musst nicht dafür sorgen, dass etwas in Bewegung kommt. Du brauchst nicht in eine Rolle zu schlüpfen, die dir fremd ist.
5. Schreib hinterher auf, was passiert ist, damit du dich daran erinnern und daraus lernen kannst.
6. Danke Gott dafür, dass er dein Gebiet erweitert hat – und bete weiter!

Du kannst dich darauf verlassen, dass Gott dir nie jemanden über den Weg schickt, dem du nicht helfen kannst. Gott wird dir immer zeigen, was du tun sollst, und dir dabei zur Seite stehen.

Wenn man in alledem dann etwas Übung bekommen hat, kann man Gott ruhig um etwas Großes, wirklich Unerhörtes bitten ... zum Beispiel um eine tropische Insel.

Ich kenne ein paar Studenten, die genau das gemacht haben.

Gebetsanliegen: Trinidad und eine DC-10

Bei einem Vortrag, den ich vor ein paar Jahren in einem großen christlichen College in Kalifornien hielt, forderte ich die Studenten auf, das Gebet des Jabez um mehr Segen und Einfluss anzuwenden. Ich sagte den 2.000 Zuhörern, sie sollten sich im Dienst für Gott ein großes Ziel setzen, das der Größe ihres Colleges würdig sei.

„Schaut euch doch einfach auf dem Globus um und sucht

euch eine Insel aus", schlug ich vor. "Wenn ihr sie ausgesucht habt, könntet ihr ein Studententeam zusammenstellen, ein Flugzeug chartern und dann die Insel für Gott einnehmen."

Ein paar Studenten lachten. Andere dachten, ich hätte eine Schraube locker. Aber praktisch alle hörten mir zu. Also sprach ich weiter. Vor kurzem war ich auf Trinidad gewesen, das an der südamerikanischen Küste liegt. Ich erzählte aus eigener Anschauung, wie bedürftig die Menschen dort sind. "Ihr solltet Gott um Trinidad bitten", sagte ich, "und um eine DC-10."

Es gab keine spontane Reaktion.

Immerhin brachte mein radikaler Vorschlag ein paar Studenten zum Nachdenken. Die meisten versicherten mir, sie würden gern Zeit und Talent für Gott einsetzen, wüssten aber nicht, wo sie anfangen sollten. Sie zählten alles auf, was sie *nicht* besaßen: Fachwissen, Geld, Mut und so weiter.

> Ein paar Studenten lachten.
> Andere dachten, ich hätte eine Schraube
> locker.

In der restlichen Woche vertiefte ich vor allem diese Frage: Wenn Gott euch grenzenlos liebt und möchte, dass ihr jeden Augenblick in seiner Gegenwart verbringt, und wenn er doch weiß, dass ihr es im Himmel viel besser habt – warum hat er euch dann hier auf der Erde gelassen? Die meisten Studenten waren etwas verunsichert. Darüber hatten sie noch nie nachgedacht. Alle bekamen von mir eine Antwort, die meiner Meinung nach in der Bibel zu finden ist: Gott möchte, dass ihr eure Grenzen erweitert und neue Gebiete für ihn einnehmt. Vielleicht sogar eine Insel ...

Gott war schon längst an der Arbeit. Nach einer Woche bekam ich einen Brief von einem Studenten namens Warren. Er sagte mir, dass er und sein Freund Dave den Entschluss gefasst hätten, Gott um seinen Segen und um die Erweiterung ihres Gebietes zu bitten. Genau genommen hatten sie Gott gebeten, ihnen eine Gesprächschance mit dem Gouverneur von Kalifornien zu geben, und zwar noch am gleichen Wochenende. Sie hatten ihre Schlafsäcke in Warrens Uraltwagen geworfen und waren 400 Meilen zum Regierungssitz gefahren, wo sie an die Tür klopften.

Und so ging der Brief weiter:

Als wir Sonntagabend zurück waren, hatte sich Folgendes ereignet: Wir hatten zwei Tankstellenmitarbeitern, vier Wachposten, dem Leiter der Nationalgarde der Vereinigten Staaten, dem Leiter der Gesundheits-, Schul- und Sozialbehörde von Kalifornien, dem Leiter der kalifornischen Autobahnpolizei, der Sekretärin des Gouverneurs und schließlich dem Gouverneur selbst von unserem Glauben berichtet.

Bei solchen Fortschritten sind wir Gott dankbar und gleichzeitig richtig erschrocken. Vielen Dank nochmals für deine Herausforderung! Und das war erst der Anfang. In den nächsten Wochen und Monaten lief eine Welle visionärer Ideen über den Campus, wie wir mehr Gebiet einnehmen könnten.

Bis zum Herbst hatte ein Studententeam unter der Führung von Warren und Dave ein größeres Missionsprojekt für den nächsten

Sommer auf die Beine gebracht. Sie nannten es „Operation Jabez". Das Ziel: Mitarbeiter zu sammeln, einen Jet zu chartern und – richtig geraten! – für einen Sommer nach Trinidad zu fliegen, um dort für Gott zu arbeiten.
Genau das wurde auch getan. 126 Studenten und Universitätsangestellte machten mit. Als der Jet voll beladen in Los Angeles abhob, war die „Operation Jabez" durch Gruppen vertreten, die alles genau geplant hatten: evangelistische Theaterstücke, Baumaßnahmen, das Einrichten von Sportkursen und einer Ferienbibelschule, Musik und Besuche von Haus zu Haus. Der Collegepräsident bezeichnete die „Operation Jabez" als die wichtigste studentische Aktivität in der ganzen Geschichte des Instituts.

Zwei Studenten hatten Gott gebeten, ihr Gebiet zu erweitern. Und so geschah es! Ein kleines Gebet hatte Grenzen ausgeweitet. Ein kleines Gebet hatte sich auf Tausende von Menschen ausgewirkt.

Dein Platz in der ersten Reihe

Wenn man um ein größeres Gebiet betet, erwartet man ein Wunder – so einfach ist das.

Glaubst du überhaupt, dass es immer noch Wunder gibt? Ich habe viele Christen kennen gelernt, die sich das nicht vorstellen können. Häufig deshalb, weil sie Wunder mit magischen Handlungen verwechseln. Ich weise deshalb darauf hin, dass Wunder nicht deshalb übernatürlich sind, weil sie die Naturgesetze außer Kraft setzen. Als Christus den Sturm stillte, hat er die Gesetze der Natur nicht über Bord geworfen – der Sturm hätte irgendwann auch von allein nachgelassen. Vielmehr hat er das Wetter *gelenkt*. Als Elia darum betete, dass es nicht mehr regnete, hat Gott die Wolken nicht auf einen Schlag verschwinden lassen. Er hat im Rahmen des natürlichen Kreislaufs von Trockenheit und Regen gewirkt.

Gott steht bereit, auch in deinem Leben Wunder geschehen zu lassen. Es sollte dir allerdings um den wahren Gott gehen, nicht um einen „himmlischen Zauberer", einen Zeichentrickhelden. Bei so einem Fantasiegott stellt man sich vor, wie er einen kleinen, käseweißen Jungen in Michael Jordan verwandelt. Oder er macht die schmerzhafte Scheidung deiner Eltern plötzlich rückgängig – Abrakadabra, Simsalabim! Oder du bekommst eine Eins in Mathe, obwohl du den Unterricht geschwänzt hast. So läuft es (leider) nicht.

Der wahre Gott aber tut Wunder von ganz anderer Sorte. Zum Beispiel so:

- Er richtet deinen Tagesablauf so ein, dass du Kontakt zu der richtigen Person bekommst.
- Er gibt dir Worte ein, wenn dir nichts mehr einfällt.
- Er gibt dir Einsichten, die deines Wissens nicht von dir stammen.
- Er verschafft dir das Geld, das du brauchst.
- Er macht dich stark, wenn du dich schwach fühlst.
- Er verändert dich von innen her.
- Er wirkt durch dich, obwohl du immer noch derselbe bist.
- Er liebt dich immer und jederzeit ... auch wenn du dich wie ein Stück Hundedreck an der Schuhsohle fühlst.

Die erfreulichsten Wunder meines Lebens haben immer damit angefangen, dass ich mit der tollkühnen Bitte zu Gott kam, sein Reich *deutlich* erweitern zu dürfen. Wenn man sich mit kleinen Schritten zufrieden gibt, ist man nicht auf Gott angewiesen. Wenn du aber einen Sprung in den reißenden Strom von Gottes Plänen machst und ihn um mehr Aufgaben bittest, dann wird Gott in deiner ganzen Umgebung wirksam.

Wenn das passiert, dann sitzt du in der ersten Reihe und bekommst die Wunder in deinem Leben direkt mit. Das ist spannender als deine wildesten Träume. Allerdings wirst du auch den einen oder anderen Schreck bekommen ...

> Wenn Gott an der Arbeit ist,
> dann sitzt du in der ersten Reihe und
> bekommst die Wunder in deinem Leben
> direkt mit.

„Dass doch deine Hand mit mir sei ..."

4. Kapitel

Die Kraftquelle

Wenn du Gott bittest, dein Gebiet zu erweitern, dann weitet er es bis an die Grenzen deines Wohlbefindens aus ... und das ist erst der Anfang.

Er eröffnet dir Möglichkeiten, an die du vorher nie gedacht hättest. Er wird dir Aufgaben geben, an die du dich noch nie herangewagt hast (und die deiner Meinung nach auch nicht machbar sind). Du hast ein Gefühl, als ob er dich an den Abgrund mitnimmt und sagt: „Komm, wir springen runter!"

Jetzt lernst du den Riesen der Angst kennen. Du willst wegrennen. Gott den Rücken kehren. Ihm sagen, dass du dich geirrt hast ...

Frag mal Ben. Er hat mir erzählt, Gott habe seine Gebete um ein größeres Gebiet dadurch erhört, dass er ihm Führungsaufgaben in Schule und Gemeinde gab. Er sagte, sein Leben habe sich seit dem letzten Jahr total verändert. Aber jetzt habe er ein neues Problem: „Seit Gott meinen Horizont erweitert hat, frage ich mich, ob meine Fähigkeiten für die Aufgaben reichen. Manchmal bekomme ich Angst und das alles geht mir zu weit." Er wollte wissen, was er jetzt tun solle.

Ein anderer schrieb: „Ich merke allmählich, dass mit dem Gebet des Jabez auch ein Stück Angst verbunden ist. Wenn der Segen fließt und das Gebiet erweitert ist – was dann?"

Wenn du dem Angstriesen noch nicht begegnet bist, dann lernst du ihn bald kennen. Eins aber kann ich euch sagen, wenn ihr so weit seid: „Freunde, ihr seid auf der richtigen Fährte! Eigentlich wird es jetzt erst richtig gut!"

Warum? Genau hier – wenn du das Gefühl hast, dass du über deine Fähigkeiten hinausgegangen bist – fangen die Wunder an. Genau hier fängst du an zu erleben, wie Gott mit Methoden an dir arbeitet, die du nur aus Büchern kennst oder von Missionaren gehört hast.

Wenn das passiert, dann wirst du nie mehr zurückwollen.

Komisches Gefühl

Ich weiß noch gut, was nach meinem Gebet passierte, Gott möge mein Gebiet *deutlich* erweitern. Darlene und ich hatten einen kleinen Bibelkreis bei uns zu Hause angefangen. Er fing an, immer mehr zu wachsen. Bald wurde ich gebeten, Vorträge zu halten, Mitarbeiter anzuleiten, eine Zeitschrift herauszugeben. Ein Unternehmen auf die Beine zu stellen ...

Eines Morgens wachte ich auf und wusste ganz genau, dass ich viel zu tief drinsteckte. Ich wurde das Gefühl nicht los, dass Gott einen Fehler gemacht hatte. Immerhin war ich ja nur zum Bibellehrer ausgebildet.

> Ich wurde das Gefühl nicht los, dass Gott einen Fehler gemacht hatte.

Da kam mir in den Sinn, den Rat eines vertrauenswürdigen Lehrers einzuholen. Ich ging zu John Mitchell, der damals schon über 80 war, sich aber für Tausende als geistlicher Vater einsetzte. Ich erzählte Dr. Mitchell, wozu Gott mich anscheinend berufen wollte. Dann sagte ich ihm, ich hätte gemerkt, dass ich so etwas gar nicht konnte.

„Junger Mann", sagte er, „die Zeit ist reif! Das Gefühl, das du jetzt hast, nennt man Abhängigkeit von Gott. Eigentlich bist du sogar in Gefahr, selbstzufrieden zu werden, wenn du dieses Gefühl zu lange nicht verspürst. Dann hörst du auf, im Glauben zu leben, und meinst, alles allein hinkriegen zu können. Dann hören auch die Wunder auf!"

Ich war schockiert. Mir war es doch darum gegangen, diese Gefühle loszuwerden. „Dr. Mitchell, Sie meinen also, dieses Gefühl, ich schaffe es nicht, ist ganz angemessen?"

„Na klar!", sagte er strahlend. „Das ist schon ganz in Ordnung."

Ziemlich spannend und ein bisschen erschreckend, oder? Von uns als Gottes gesegnete Söhne und Töchter wird erwartet, uns an etwas so Großes für ihn heranzuwagen, dass Fehlschläge garantiert sind ... außer, Gott greift ein.

Damit ist erklärt, warum die Gebietseinnahme für Gott ...

- uns zwangsläufig an neue Aufgaben heranführt,
- mehr Mut, Fähigkeiten, Zeit oder Geld erfordert, als wir vermeintlich haben,
- uns dem Risiko aussetzt, ganz schön alt auszusehen, und
- scheinbar unmöglich ist.

Zugegeben, die totale Abhängigkeit von Gott ist nichts für Filmhelden. Du und ich aber, wir sind dafür wie geschaffen. Abhängigkeit von Gott macht aus normalen Menschen wie Jabez, dir und mir richtige Helden. Und wie? Wir werden gezwungen, den dritten Teil aus dem erstaunlichen kleinen Gebet des Jabez zu sprechen:

„Steh mir bei!"

Jabez fing sein Gebet nicht mit der Bitte an, Gott möge ihm beistehen. Wenn wir Schritte für Gott wagen, dann meinen wir, alles unter Kontrolle zu haben. Wenn sich aber unsere Grenzen ausweiten und das Gebiet wächst, dann brauchen wir Hilfe – und zwar sofort!

Deshalb könnte man Gottes Beistand als „Hauch von Größe" bezeichnen. Nicht, dass wir berühmt werden; wir werden abhängig von der starken Hand Gottes. Unsere außergewöhnlichen Bedürfnisse geben Gott eine außergewöhnliche Chance, etwas Besonderes zu tun.

Die Wolkenleiter

Als unsere Kinder noch im Kindergarten waren, fuhren Darlene und ich eines Tages mit ihnen zu einem großen Spielplatz. Selbst Erwachsene würden sich an so einem Ort wünschen, wieder Kind zu sein. Hier gab es Schaukeln, Wippen und Rutschen – eine kleine, eine mittlere und eine riesengroße. David, damals 5, rannte wie der Blitz zur kleinen.

„Rutsch doch zusammen mit ihm runter!", schlug meine Frau mir vor.

Ich hatte anderes im Sinn. „Wart mal ab", sagte ich. „Mal sehn, was als Nächstes passiert." Wir entspannten uns auf der nächsten Bank und schauten zu. David kletterte hoch, winkte und sauste runter. Kein Problem.

Er wechselte zur mittleren Rutsche. Auf der Hälfte der Höhe angekommen, drehte er sich um und hielt nach mir Ausschau. Aber ich tat so, als merkte ich nichts. David dachte einen Augenblick nach und stieg dann vorsichtig, einen Schritt nach dem andern, rückwärts von der Leiter.

„Liebling", sagte meine Frau, „du solltest hingehen und ihm helfen."

„Noch nicht", erwiderte ich und hoffte, sie deutete mein Lächeln richtig, nämlich, dass er mir nicht bloß gleichgültig war.

David schaute ein paar Minuten lang den anderen Kindern zu, die hochkletterten, runter sausten und wieder nach hinten rannten, um gleich noch mal zu rutschen. Schließlich kam er zu einem Entschluss. Er stieg ganz nach oben ... und rutschte runter, ohne überhaupt zu uns hinzugucken.

Dann sahen wir, wie er sich der ganz großen Rutsche zuwandte. Jetzt machte Darlene sich doch etwas Sorgen. „Bruce, ich finde, das sollte er nicht allein machen. Du etwa?"

> Selbst Erwachsene würden sich an so einem Ort wünschen, wieder Kind zu sein.

„Nein", erwiderte ich so ruhig wie möglich. „Ich glaube aber, er macht es sowieso nicht. Mal sehn, was passiert."

Als David vor der untersten Stufe der Riesenrutsche stand, drehte er sich um und rief: „Papa!" Ich sah wieder weg und tat so, als hätte ich nichts gehört.

Er äugte die Leiter hoch. Für einen kleinen Jungen musste diese Monsterrutsche so aussehen, als ob sie bis zu den Wolken reicht. Er sah zu, wie ein älterer Junge die Rutsche hinuntersauste. Dann wollte er es trotz allem versuchen. Schritt für Schritt, die Hände krampfhaft am Geländer, kämpfte er sich die Leiter hoch. Doch als er ein Drittel der Strecke geschafft hatte, konnte er sich vor Angst nicht mehr rühren. Inzwischen war ein älterer Junge schon hinter ihm und schrie ihm zu, er solle weiter klettern. Aber David konnte weder vor noch zurück. Er war an dem Punkt angelangt, wo ihm die Niederlage gewiss war.

Ich eilte hin. „Geht's dir gut, mein Junge?", fragte ich von unten.

Er sah zu mir nach unten, zitterte und klammerte sich fest wie ans liebe Leben. Man merkte ihm an, worum er mich bitten wollte.

„Papa, kannst du mit mir runterrutschen?", fragte er. Dem älteren Jungen riss allmählich der Geduldsfaden, aber ich wollte mir nichts entgehen lassen.

„Warum?", fragte ich und schaute zu ihm hoch.

„Ich kann es nicht ohne dich, Papa!", sagte er zitternd. „Die ist viel zu hoch für mich!"

Ich kletterte zu ihm rauf und nahm ihn ganz fest in die Arme. Dann stiegen wir gemeinsam die lange Leiter bis hoch zu den Wolken. Oben angekommen, nahm ich meinen Sohn zwischen die Beine und legte meine Arme um ihn. Dann sausten wir gemeinsam die Rutsche hinunter und lachten die ganze Zeit.

So ist es auch mit Gott.

Du probierst etwas, das dir zu hoch ist. Du könntest dabei auf die Nase fallen. Also sprichst du die Worte: „Vater, komm bitte mit mir, weil ich es allein nicht kann! Es ist mir zu groß!" Dann machst du einen Schritt im Glauben.

Hinterher rufst du: „Das hat Gott getan, kein anderer! Gott hat mich getragen, hat mir die Worte eingegeben, die Kraft verliehen – da kann ich nur staunen!"

Seine Hand und sein Geist

„Die Hand des Herrn" ist ein biblischer Ausdruck, der Gottes Kraft und Gegenwart in den Erlebnissen seines Volkes beschreibt (siehe Josua 4, 24 und Jesaja 59, 1). In der Apostelgeschichte wurde die schnelle Verbreitung des Christentums mit diesem einen Grund erklärt: „Und des Herrn Hand war mit ihnen und eine große Zahl wurde gläubig und bekehrte sich zum Herrn" (Apostelgeschichte 11, 21, Luther-Übersetzung).

Die frühen Christen haben sich viel Zeit dazu genommen, miteinander zu beten, sich auf Gottes Gegenwart einzustellen und um seine Kraft zu bitten (siehe Apostelgeschichte 2, 42–47 und 4, 23-31). Warum? Sie hatten gerade *die ganze Welt* als Gebietserweiterung bekommen. Jesus hatte ihnen gesagt:

„Geht nun in die ganze Welt und verkündet allen die Gute Nachricht" (Markus 16, 15). Da braucht man nicht lange zu warten, bis man sich seine völlige Unfähigkeit eingestehen muss, den Auftrag zu erfüllen!

Doch als der heilige Geist sie erfüllte, bekamen diese sonst ganz normalen Menschen so viel Zuversicht, dass sie vor aller Welt als Zeugen auftraten (Apostelgeschichte 1, 8). Als die anderen das sahen, wussten sie: Dahinter steht Gott. In der Bibel steht: „Die Mitglieder des jüdischen Rates waren überrascht, mit welcher Sicherheit Petrus und Johannes sich verteidigten, obwohl sie offenkundig keine Gelehrten waren, sondern einfache Leute. Sie wussten, dass die beiden mit Jesus zusammen gewesen waren" (Apostelgeschichte 4, 13).

Wann hast du das letzte Mal Gott angefleht: „Herr, bitte nimm mich an der Hand! Erfülle mich mit dem Heiligen Geist!"? Wann hat deine Jugendgruppe das letzte Mal so gebetet?

Wenn du erst einmal diese Kraft hast, dann kannst du es auf die richtig großen und überwältigenden Aufgaben anlegen – Vorhaben, von denen jeder weiß, dass *nur* Gott so etwas bewirken kann.

Ich möchte euch ein paar Jugendliche vorstellen, die sich für einen Sommer vornahmen, Gottes Ruf aufs Spiel zu setzen, weil sie erleben wollten, wie er darauf reagieren würde.

Zwölf Teens und ein paar Zaubertricks

Als ich noch Jugendpastor einer Gemeinde in New Jersey war, bewiesen mir zwölf Schüler, dass die Hand Gottes jedem Gläubigen zur Verfügung steht, wenn er nur darum bittet. Und so kam es:

Fast das ganze Schuljahr lang hatten wir für ein Sommerprojekt gebetet. Dann entschlossen wir uns, sechs Wochen lang eine Jugendevangelisation in den Vororten von Long Island, New York zu veranstalten. Wie viele Kinder und Jugendliche wohl mit Jesus zu tun bekommen würden? Keine Ahnung – wir wussten nur, dass es eine ganze Menge sein sollten!

Wir entwarfen eine dreiteilige Strategie. Anfangen wollten wir mit Kinderstunden im Hinterhof. Nachmittags würde es mit einer Strandevangelisation weitergehen. Das Ganze sollte dann mit Abendveranstaltungen in verschiedenen Kirchen abgerundet werden. Klingt einfach, aber eins kann ich euch sagen: Das Team samt Jugendpastor hatte das Gefühl, die Sache wachse ihnen über den Kopf.

Wir luden einen Spezialisten für Kinderarbeit ein, um unserer Jugendgruppe auf die Sprünge zu helfen. Er meinte, schon mit 13 oder 14 Kids in unseren Hinterhofclubs könnten wir von einem tollen Erfolg reden. Aber während er noch sprach, merkte ich: Gott wollte, dass wir um eine bestimmte Zahl von Menschen beten sollten, die er von Grund auf verändern wollte. Es sollten so viele sein, dass damit bewiesen war: Nur Gott kann das getan haben.

Als der Experte ging, sagte ich zur Gruppe: „Wenn wir am

Ende der Woche nicht 100 Kids in jeder Stunde haben, dann wäre das ein Fehlschlag." Plötzlich wollten wir alle auf die Knie gehen und beten!

Diese wunderbaren Gebete werde ich wohl nie vergessen. „Herr, bitte segne uns!", „Herr, das wächst mir über den Kopf, aber bitte, gib uns 100 Kids!" und „Herr, mach durch deinen Geist etwas Großes daraus, zu deiner Ehre!"

Die Eltern machten unserem Team klar, dass wir uns etwas Unmögliches vorgenommen hätten. Ich weiß, dass sie Recht hatten. Es passierte aber trotzdem. In der ersten Woche hatten 4 von den 6 Teams mehr als 100 Kinder, die sich in die Treffpunkte drängten. Am Ende der Woche waren es 500 Kids, die von uns die Gute Nachricht gehört hatten.

Dann ging es mit der Strandphase unserer Long Island-Mission los. Ich kaufte mir einen Zauberkasten für Anfänger. Man kennt das ja: *„Alles, was du brauchst, um deine Freunde zum Staunen zu bringen."* Dann blieb ich bis drei Uhr morgens wach und lernte, wie man ein Ei „verschwinden" lässt. Am nächsten Nachmittag fingen wir mit unserer kostenlosen Strandvorstellung an und flehten Gott an, dass seine Hand mit uns sein möge.

Wir gingen so weit, den Herrn um 30 Menschen zu bitten, die ihm ihr Leben anvertrauen – und zwar bis zum Ende des ersten Tages.

```
Du bist genau da, wo Gott dich haben will
... nur eine Gebetslänge von einem Wunder
entfernt.
```

Unser Publikum wuchs von einer mühsam herbeigelockten einzigen Reihe Kinder schnell auf mehr als 150 Zuschauer. Wir erweiterten unser Unterhaltungsprogramm, boten über die Zauberkunststücke hinaus Geschichten und präsentierten schließlich das Evangelium. Bald rückten auch die Erwachsenen näher. Schließlich schlossen sich Teenager der Menge an. Gegen Ende des Nachmittags zählten wir 250 Zuhörer. Als wir sie schließlich dazu aufriefen, sich für Gott zu entscheiden, waren es 30 Leute, die Jesus Christus als ihren Erlöser aufnahmen – gleich dort am Strand.

Als unser Stranddienst richtig in die Gänge gekommen war, richteten wir unsere Abende für Jugendliche in den Kirchen am Ort ein. Gott segnete unsere Mühe weit über jede Erwartung hinaus – aber in genauer Übereinstimmung mit dem Ausmaß unseres Jabez-Gebetes. Am Ende unserer sechswöchigen Mission auf Long Island zählten wir 1.200 neue Gläubige.

Und weißt du, was noch passierte? Zwölf Schüler kamen mit der Überzeugung nach New Jersey zurück, dass Gott alles tun kann. Da dauerte es nicht mehr lange, bis die ganze Gemeinde von einer neuen Welle der Begeisterung erfasst wurde.

Unmöglich? Überhaupt nicht. Das alles geschah, weil zwölf Schüler darum gebetet hatten, Gott möge sie segnen, ihnen um seiner Ehre willen mehr Einfluss geben und mit seiner starken Hand eingreifen.

Jesus hat gesagt: „Was den Menschen unmöglich ist, das kann Gott möglich machen" (Lukas 18, 27).

Wohin Gott dich bringen will

Wir hören uns zahllose Predigten über die Macht Gottes an, die durch uns wirken will, aber eins müsste uns inzwischen auffallen: Wir überhören beharrlich das kleine Wörtchen *durch*.

Klar, es sagt sich so leicht: Wir wollen, dass Gott *durch* uns wirkt. In Wirklichkeit meinen wir aber: Er soll *mit* uns oder *in Verbindung mit uns* wirken. Eigentlich denken wir uns dabei: *Herr, lass mich das durch meine Kraft und Fähigkeiten schaffen und kröne mein Werk mit deinem Segen – als Sahnehäubchen.* Gottes Werk aber kann nur durch Gottes Kraft getan werden. Darum hat Gott den Juden bei ihrer Rückkehr aus der Gefangenschaft gesagt: „Es wird dir nicht durch menschliche Macht oder Gewalt gelingen, sondern durch meinen Geist" (Sacharja 4, 6).

Wenn du also an dem Punkt stehst, wo dir die Niederlage sicher ist, wenn du nach unten schaust und glaubst, der Sturz sei unvermeidlich, wenn du das Gefühl hast, aus vollem Hals „Hilfe!" schreien zu müssen, dann bitte Gott, seine Hand auf dich zu legen. Du stehst dann genau da, wo Gott dich haben wollte ... einen Schritt vor einem ganz neuen Lebensstil, eine Gebetslänge von einem Wunder entfernt.

Eine **Million** nach dem Vorbild von **Jabez** – du könntest dazugehören.

„Steh mir bei und halte Unglück und Schmerz von mir fern!"

5. Kapitel

Von Gladiatoren lernen

Ich habe eine Zeichnung, die einen Gladiatoren zeigt. Er hat ein sehr großes Problem: Irgendwie hat der Gladiator sein Schwert fallen gelassen und wendet sich jetzt zur Flucht. Ein hungriger Löwe mit scharfen Krallen und aufgerissenem Maul springt auf ihn zu. Die Menge in der Arena ist aufgesprungen und schaut gebannt zu. Die Zuschauer wissen, was gleich passieren wird!

Unter der Zeichnung steht die Bemerkung: Manchmal kann man es sich leisten, der Zweite zu sein. Manchmal jedoch nicht. Die Zeichnung ist mir eine Mahnung, wie wichtig es ist, sich als Sieger gegen Versuchungen durchzusetzen. In diesem Wettbewerb gibt es keine Silbermedaille. Es geht um alles oder nichts. Die Zeichnung lenkt meine Gedanken auch auf Jabez mit seiner unorthodoxen Art, Siege zu planen.

Als Jabez Gottes Segen empfangen hatte und zu Einfluss und Macht gekommen war, hätte er sich einbilden können, gegen jeden Löwen überlegen zu sein. Aber am vierten Teil seines Gebetes lässt sich ablesen, dass er die Sache anders sah. Er wusste, dass er einen gefährlichen Feind hatte und Hilfe brauchte.

Also betete er: „Halte Unglück und Schmerz von mir fern!"

Im letzten Kapitel hast du um Gottes Kraft im Kampf gegen

deine Schwachheit gebetet. In diesem Kapitel lernst du, wie man um übernatürliche Hilfe und Schutz vor Satans Ansinnen betet, dich zu verfrühstücken. Ich möchte zeigen, wie sich dieser Teil des Gebets bei Jabez-Kämpfern wie dir und mir auswirkt. Die Sache ist ganz praktisch und leicht verständlich. Mit Gottes Hilfe wirkt das Gebet geradezu genial!

Vom Segen zum Kampf

Du fragst dich vielleicht, warum wir in einem Buch über Segen von Versuchung und Bosheit reden. Denk mal nach: Wenn du anfängst, neue Gebiete für Gott einzunehmen – wem haben die denn vorher gehört?

Genau – der Besitzer hieß Satan.

Ich will dir keine Angst einjagen. Weil Jesus für unsere Sünden starb und von den Toten auferstand, ist Satan schon ein besiegter Feind. In der Bibel steht: „Der Geist, der in euch wirkt, ist mächtiger als der Geist, der diese Welt regiert" (1. Johannesbrief 4, 4).

Satan geht aber immer noch aktiv gegen Gottes Pläne für diese Welt und für dich vor. Je mehr Jabez-Erfolge du feierst, desto vertrauter werden dir die unwillkommenen Querschläge des Feindes – Ablenkungsmanöver, Verwirrung, Gegenwind. Du merkst: „Aha, es gibt da draußen eine Macht, die Gott hasst, und dieser Typ steht auch nicht gerade drauf, was ich mache!"

Aber Satan ist nicht das einzige Problem. Unsere verkehrten Wünsche, unser allzu menschliches Wesen kann uns reichlich

Schwierigkeiten einbringen, ganz ohne Zutun des Teufels (siehe Jakobus 1, 14).

Deshalb ist die letzte Bitte im Gebet des Jabez so wichtig. Im Grunde gilt, dass du dir wahrscheinlich Sorgen machen solltest, wenn du den Eindruck hast, dass die Versuchungen dich nicht mehr stören!

Dazu ein Beispiel. Als ich noch auf der Bibelschule war, habe ich ein Gespräch mitbekommen, das ich nie vergessen werde. Ich stand hinter einem anderen Studenten in einer Warteschlange. Er sprach mit Dr. Howard Hendricks, einem Professor von mir. Der Student erzählte dem Professor ganz begeistert, wie gut alles für ihn laufe.

„Als ich hier anfing", sagte der Student, „hatte ich mit so vielen Versuchungen zu kämpfen, dass ich kaum den Kopf über Wasser halten konnte. Aber jetzt – Gott sei Dank! – läuft alles viel glatter. Ich werde praktisch überhaupt nicht mehr versucht!" Ich weiß noch, wie ich dachte: *Toll, ich würde alles darum geben, wenn es mir auch so ginge!*

Statt sich darüber zu freuen, machte der Professor einen sehr beunruhigten Eindruck – nicht gerade das, was der Student erwartet hatte. „So etwas Bedrohliches habe ich noch nie gehört", sagte Dr. Hendricks zu dem verblüfften Studenten. „Was du mir gerade erzählt hast, ist der Beweis, dass du schon nicht mehr in der Auseinandersetzung stehst! Satan macht sich keine Sorgen mehr wegen dir."

Wenn wir Jesus nachfolgen, geht Gottes Segen immer mit Kämpfen einher. Deshalb haben wir es so nötig, um Bewahrung vor dem Bösen zu beten, wenn wir auf Dauer ein echt gesegnetes Leben haben wollen.

Luftkampf über Chicago

Du wirst wahrscheinlich so wie ich feststellen, dass du das Gebet gerade dann am nötigsten hast, wenn du müde oder gestresst bist. Vielleicht dann, wenn du einige harte Klausuren hinter dir hast, zu Hause unter Druck stehst oder nach einem Abend mit Freunden zu spät ins Bett gekommen bist. Mir geht es häufig so, wenn ich eine Reihe von Tagen mit anstrengendem Dienst hinter mir habe.

Vor Jahren bin ich in Chicago mit dem Taxi zum Flughafen gefahren. Ich war reichlich spät dran, ließ mich erschöpft in den Rücksitz fallen und freute mich, dass es nach Hause ging. Eine Woche lang hatte ich hier in der Stadt als Gastdozent an einem Bibelcollege zu tun gehabt. Gott hatte sich ganz bemerkenswert wirksam erwiesen. Außerdem war ich für viele Studenten seelsorgerisch tätig gewesen – genau gesagt, für 76 (ich führe darüber Buch). Aber jetzt war ich völlig fertig. Ich sah nach draußen in den Verkehr und hielt mich an das Gebet des Jabez.

O Herr, betete ich, *jetzt habe ich keine Widerstandskräfte mehr. Ich würde mit Versuchungen nicht mehr fertig werden. Bitte, halte mir heute das Böse vom Leibe.*

Als ich das Flugzeug bestieg, musste ich feststellen, dass mir ein Mittelplatz zugewiesen worden war. Das kann ich gar nicht leiden! Aber es kam noch schlimmer: Der Mann links von mir zog eine Pornozeitschrift aus seiner Tasche.

Ich schaute weg und räusperte mich. *Herr,* meldete ich mich, *wir hatten doch eine klare Absprache!* Noch vor dem Abheben zog auch der Mann rechts von mir ein Sexblatt aus der Tasche. Ich schloss die Augen. *Herr*, betete ich, *das kann ich heute nicht so einfach wegstecken. Bewahre mich bitte vor Versuchungen und halte mir das Böse ganz weit vom Hals!*

Das Flugzeug stieg in den Himmel über Chicago. Plötzlich faltete der Mann rechts von mir mit einem Fluch die Zeitschrift zusammen und steckte sie weg. Ich sah ihn an. Wie kam es, dass er es sich anders überlegt hatte? Dann fluchte auch der Mann links von mir und klappte die Zeitschrift zu, auch hier ohne erkennbaren Grund. Gott hatte mein Gebet erhört!

Kein Wunder, dass die beiden Männer irritiert aussahen, als ich laut zu lachen anfing. Beide fragten mich, was ich so lustig fände.

„Jungs", sagte ich, „ihr würdet mir ja doch nicht glauben, wenn ich das erklären würde!"

„Halt sie von mir fern"

Denk mal darüber nach, wie du betest, wenn du mit Versuchungen zu tun hast. Bittest du in erster Linie um Kraft, nicht schwach zu werden? Kein schlechtes Gebet, aber bei Jabez klingt das ganz anders.

Er betet nicht: „Bewahre mich *im* Bösen", sondern: „Bewahre mich *vor* dem Bösen."

Jabez hat nämlich verstanden, was dem todgeweihten Gladiator nicht klar gewesen ist. Als Ausgangspunkt jeder Strategie gegen den brüllenden Löwen gilt: *Geh gar nicht erst in die Arena.* Jabez brauchte weder Training im Schwertkampf noch mehr Mut oder Kraft.

Er hat gleich darum gebetet, vor dem Bösen bewahrt zu bleiben. Auch Jesus hat uns gelehrt, so zu beten. Als er seinen Freunden das vorsprach, was wir Vaterunser nennen, sagte er: „Das soll euer Gebet sein ... Lass uns nicht in die Gefahr kommen, dir untreu zu werden, sondern schütze uns vor der Macht des Bösen" (Matthäus 6, 9; 13).

Schauen wir uns das Gebet ganz genau an. Hier steht keine einzige Bitte um besondere Kräfte, sondern nur: „Lass uns bitte nicht in Gefahr kommen, dir untreu zu werden!"

Wann hast du das letzte Mal so gebetet? Genau so, wie Gott möchte, dass du um mehr Segen, ein größeres Gebiet und mehr Kraft betest, erwartet er von dir die Bitte, vor dem Bösen bewahrt zu werden. Eins verspreche ich dir: Wenn du dich weniger darauf konzentrierst, die Versuchungen zu bekämpfen, und mehr darauf, sie zu vermeiden, wird es in deiner geistlichen Entwicklung einen Quantensprung geben!

> **Wer sich auf seine menschlichen „Waffen" verlässt, kann als Katzenfutter enden.**

Versucht werden ist nicht das Gleiche wie sündigen – diese Verwechslung ist nichts als ein Betrug Satans. Nehmen wir mal an, du wirst zu einer sexuellen Sünde verlockt. Oder dazu, Gerüchte zu verbreiten. Oder dazu, dir etwas zu nehmen, das dir nicht gehört. Wenn du dich mit diesen Versuchungen aufhältst und glaubst, du müsstest sie besiegen, dann wäre das schon die falsche Entscheidung. Du bist ja nicht auf neutralem

Gelände. Du steckst schon in der Arena, und der wütende Löwe wartet nur darauf, zuzuschlagen. Deshalb steht in der Bibel, dass wir der Versuchung entfliehen sollen (2. Timotheusbrief 2, 22, Luther).

Du glaubst immer noch, aus dir könnte mal ein Löwenbändiger von Weltrang werden? Hier ein paar Beispiele, wie jemand, der sich auf seine menschlichen „Waffen" verlässt, als Katzenfutter enden kann:

- *Dein gesunder Menschenverstand kann dich im Stich lassen.* Überleg mal, was mit Adam und Eva im Garten Eden passiert ist. Was wussten sie schon? Sie waren sozusagen die ultimativen Anfänger in Sachen Leben. Trotzdem glaubten sie, dass sie den Durchblick hatten, und Satan verführte sie zum Ungehorsam gegen Gott.
- *Deine bisherigen Erfahrungen können dich im Stich lassen.* Nur weil du dich schon einmal gegen die Versuchung durchgesetzt hast, heißt das noch lange nicht, dass du auch das nächste Mal heil daraus hervorgehen wirst. Ich finde es besonders traurig, wenn junge Christen, die den großartigsten Segen, neue Gebiete und viel Kraft bekommen hatten, in schwere Sünden geraten. In der Bibel steht dazu: „Seht euch vor, damit ihr nicht fallt."
- *Deine Gefühle können dich im Stich lassen.* Die meisten von uns bekommen das früh genug heraus, aber wir können es uns trotzdem nicht so richtig vorstellen. Wir versuchen, uns immer noch durchzuwursteln. „Hör auf deine Gefühle", heißt es in unserer Umgebung. „Mach das, was dir dein Bauch sagt." Aber unsere Wünsche, Bedürfnisse und Be-

gierden können uns auch etwas schmackhaft machen, was in Wirklichkeit absolut verkehrt ist.

Jabez-Kämpfer sind durch ihre Vermeidungsstrategie erfolgreich gegen Versuchungen. Sie beten täglich darum, dass Gott ihnen das Böse vom Leibe hält. Diese Gebete um Befreiung zeichnen den echten Helden Gottes aus. Und Gott geht sehr gern darauf ein.

Die SPAM-Attacke

Die Geschichte mit den Pornoheften zeigt: Gott trägt dazu bei, uns vor Versuchungen zu bewahren, wenn wir ihn darum bitten. Der folgende Bericht soll zeigen, wie du deinen Beitrag leisten kannst, dich von der Versuchung fern zu halten. Auf jeden Fall hat es keinen Zweck, um Bewahrung vor der Versuchung zu beten, wenn man immer wieder ihren Tummelplatz aufsucht.

Eine Frage: Was würde passieren, wenn du mit Gott zusammenarbeitest und mit einem harten Schnitt unnötige Versuchungen abstellst, die täglich auf dich einstürmen? Na schön, wir leben nun mal nicht in einem Vakuum und Gott erwartet das auch nicht von uns. Aber was wäre, wenn du dich wenigstens ein paar Tage lang von allem befreist, was ganz offensichtlich Müll ist?

Ashley, ein Mädchen aus Chicago, wollte es wissen. Sie stieg bei SPAM ein. Nein, hier geht es nicht um Reklame per E-Mail. SPAM steht für *Spiritual Preparation And Meditation* (geistliche Ausrüstung und Meditation). Die Teilnehmer stellten sich der

Herausforderung, eine Woche bis zwei Monate lang zu „fasten" und beispielsweise auf bestimmte Bücher, auf Fernsehen, Zeitschriften, Filme oder Musik zu verzichten. Die Absicht des Fastens (oder des Verzichts für die jeweilige Dauer) lag darin, Gottes Stimme deutlicher zu hören.

Wahrscheinlich denkst du schon: „Das ist ja die reine Folter!" Ashley ging es auch so, jedenfalls am Anfang. Hier ist ihre Geschichte:

Eine ganze Woche ohne meine Lieblingssendungen, Lieblings-CDs und Bücher? Genau. Der bloße Gedanke war schon unerträglich. Und doch war mir klar, dass ich es mal probieren sollte. Wahrscheinlich wäre es ganz nützlich für mich, mir eine Pause von dem ganzen Müll zu gönnen, für den ich in meinem Leben Platz gemacht hatte.

Also machte ich bei SPAM mit. Ich legte meine CDs weg. Ich ließ Fernbedienung und Fernsehen in Frieden ruhen und nahm mir ein paar christliche Romane, um mir die Zeit zu vertreiben. Außerdem kaufte ich mir ein Tagebuch, um meine Gedanken und alles aufzuschreiben, was Gott mir in dieser Woche sagen würde. Ich stellte mich darauf ein, meine Beziehung zu Jesus auf eine neue Ebene zu bringen.

Der erste Tag war einfach. Eigentlich machte es Spaß. Gott zeigte mir ein paar interessante Sachen, als ich in der Bibel las. Stellen, die mir vorher nicht aufgefallen waren oder die ich vielleicht absichtlich übersehen hatte. Ich dachte: „Ist ja gar nicht so schwer!"

Da lag ich falsch. Als ich am nächsten Tag auf die Uhr sah, wusste ich, dass meine Lieblingssendung anfing. Aber wegen SPAM musste ich durchhalten. Mein Versprechen tat mir schon Leid. Aber ich widerstand dem Drang, den Fernseher einzuschalten, und griff mir stattdessen das Tagebuch. Hier schrieb ich alles auf, was mir durch den Kopf ging. Dabei holte ich mir auch die Bibel und schmökerte darin. Es war toll! Als hätte jemand ein Licht angeknipst! Für mich war das wie ein großer Durchbruch. Immer noch fiel es mir nicht leicht. Manchmal musste ich wirklich dem Drang widerstehen, eine bestimmte CD zu kaufen, oder ich musste eine Zeitschrift wieder ins Regal legen, die ich schon in den Händen hielt. Aber ich blieb bei meinem Vorsatz, weil ich mich auf alles konzentrieren wollte, was wahr, edel, gerecht, rein, liebenswert und schön ist (Philipperbrief 4, 8).

Die übrigen Tage flogen nur so dahin, und ich war richtig traurig, dass die Woche zu Ende ging. Mein Fazit:

Es hat mir geholfen, die Welt mit anderen Augen zu sehen, als ich mich von all den üblichen Einflüssen fern hielt. Manches, was ich mir zu hören, sehen und lesen geleistet habe, kam mir jetzt verkehrt vor. Ich fühlte mich anders, und deswegen wollte ich auch anders damit umgehen.

Gott hat diese kurze Zeit von sieben Tagen dazu gebraucht, mein Leben zu verändern. In dieser Zeit wurde mein Glaube neu entzündet. Meine Augen wurden für Freunde geöffnet, die mehr geistlichen Antrieb brauchten. Das ist nicht immer einfach. Es muss weder Spaß machen noch bequem sein. Aber wenn du dir Mühe gibst, dich von dem ganzen Müll fern zu halten, dann kannst du Gottes Stimme hören und in ihm wachsen!

Probier's aus!

Ashley

Ich glaube, Jabez hätte der SPAM-Plan gefallen. Er wollte durch keine Sünde gebunden sein. „Halt dich fern von der Arena der Versuchung, wenn es geht", würde er sagen. „Lass dich nicht von Angst und Niederlagen erdrücken. Durch Gottes Kraft kannst du sauber, sicher und auf Kurs bleiben, um Gottes Pläne für deine Zukunft zu erleben!"

Die Sünde, ein Dieb und Mörder

Damit komme ich zu meinem letzten Punkt. Nur durch Sünde kann man von Gottes Segen und Kraft abgeschnitten werden. Satan geht es ja nicht nur darum, mit seinen Versuchungen schwarze Kleckse auf deine weiße Weste zu machen. Er will dich in Sünde verstricken, damit er dir deinen Segen stehlen und die Wunder abblocken kann, die Gott dir zukommen lassen will.

Letzten Endes will er dich sündigen lassen, weil du dir damit selbst wehtust. Deshalb hört die letzte Bitte des Jabez mit diesen Worten auf: „... halte Unglück und Schmerz von mir fern." In anderen Bibelübersetzungen kann diese Formulierung anders klingen. Im Hebräischen heißt es einfach: „Nicht Schmerzen." Man sieht also, dass die Übersetzer einen Spielraum haben. Falsch ist weder das eine noch das andere.

Dahinter steht ein Gedanke, den wir nicht übersehen dürfen: Sünde verursacht Schmerzen. Tatsächlich steht auch in der Bibel: „Die Sünde zahlt ihren Lohn: den Tod" (Römerbrief 6, 23). Man braucht sich nur umzuschauen. Selbst christliche Pastoren und Jugendleiter fallen hin. Nach der starken Anfangsphase kommt ihnen der Löwe der Versuchung so harmlos vor wie eine etwas groß geratene Hauskatze. Eines Tages fällt ihnen dann das Schwert aus der Hand. Als Nächstes stecken sie in den Fängen der Sünde. Sie müssen in der Folge ihren Dienst aufgeben und viele Menschen bleiben verletzt auf der Strecke.

Jabez wusste, wie sehr er nicht nur sich selbst, sondern auch anderen schaden konnte, wenn er Versuchungen nachgab. Also bat er Gott, ihn davor zu bewahren.

Mach es ihm nach. Bitte Gott, das Böse von dir fern zu halten. Tu deinen Teil, arbeite dadurch mit, dass du dich von Versuchungen so gut wie möglich fern hältst. Damit bist du auf dem besten Weg, dir einen Stammplatz im Buch des Lebens zu verschaffen.

Diese **Bitte** hatte **Gott** erhört.

6. Kapitel

Das Gebet des Jabez gehört dir

Am Anfang dieses Buches habe ich die Frage gestellt: Bist du bereit, dich auf etwas einzulassen, das dein Leben von Grund auf verändert?

Ich wollte dir begreiflich machen, dass Gott dir ein viel größeres, viel wichtigeres und spannenderes Leben in Aussicht stellt, als du jemals zu träumen gewagt hast.

Also frage ich noch einmal: Willst du etwas dazu tun, um dein Leben von heute an zu verändern? Wenn du mit Ja antwortest, habe ich einen einfachen Plan für dich. Die Sache macht einen ziemlich normalen Eindruck, aber lass dich davon nicht täuschen. Sie gehört zur Jabez-Revolution und trägt dazu bei, Millionen von Menschen in aller Welt umzugestalten.

„Ich heiße Jabez..."

Du kannst dir für die nächsten 30 Tage das Gebet des Jabez aneignen. Sag dir einfach: „Ich heiße Jabez und das ist mein Gebet." Dann bringe das Gebet in deinem Tagesablauf unter. Hier also mein ganz einfacher Plan, wie das Gebet des Jabez sich wirklich einprägen und zu deinem Alltag gehören kann:

1. Bete jeden Morgen das Gebet des Jabez.
2. Hak jeden vergangenen Tag an deinem Kalender ab, damit du siehst, ob du deinen Vorsatz einhältst.
3. Schreib das Gebet des Jabez ab und häng es an einem Platz auf, wo du es nicht übersehen kannst.
4. Lies dieses Buch vier Wochen lang einmal pro Woche durch. Bitte Gott, dir wichtige Stellen zu zeigen, die dir vielleicht entgangen sind.
5. Erzähl jemandem von deinem 30-Tage-Plan. Bitte ihn oder sie, dich dabei zu überprüfen.
6. Schreib ein Tagebuch zu deinen Jabez-Erlebnissen. Beschreib deine Jabez-Begegnungen. Schreib auf, was du gelernt hast.
7. Fang an, das Jabez-Gebet für deine Familie, Freunde, Gemeinde, Jugendgruppe usw. zu beten.

Wenn du diesen einfachen Plan in die Tat umsetzt, entwickelt sich bei dir die dauerhafte Gewohnheit, nach dem Besten zu streben, das Gott für dich will.

Natürlich ist es zweierlei, ob man nur etwas über diesen Plan liest oder ihn tatsächlich ausführt. Du kannst das Gebet des Jabez an jede Wand im Haus kleben und es tut sich trotzdem nichts. Du kannst darüber reden, daran glauben, es auswendig kennen und weiterempfehlen ... Nichts passiert. Null. Nada.

Wenn du aber anfängst zu beten, dann unternimmst du den ersten Schritt in die richtige Richtung, dann den zweiten und den dritten. Dann verändert sich etwas. Gott wird dein Leben mit seiner Kraft bereichern.

Die Geschichte geht weiter

Im ersten Kapitel dieses Buches habe ich erzählt, wie ich in meiner Küche stand und mich entschloss, das Gebet des Jabez zum regelmäßigen Bestandteil meines geistlichen Lebens zu machen. Jetzt möchte ich erzählen, wie die Geschichte weiterging.

Im Lauf der Jahre haben meine Frau und ich nie aufgehört, wie Jabez zu beten, weil Gott nie aufgehört hat, darauf einzugehen! Erstens wurden unsere Hauskreistreffen, *Walk Thru the Bible* genannt (ein Gang durch die Bibel), viel zu groß für unseren Kellerraum. Die Sache wuchs von 25 Treffen pro Jahr auf mehr als 50 Seminare pro Wochenende. Erst gaben wir ein Magazin heraus, inzwischen sind es 10 – vor kurzem haben wir Exemplar Nummer 100.000.000 gedruckt!

Unser Gebiet ist so sehr angewachsen, dass wir uns neulich zur Frage veranlasst sahen: „Herr, wo ziehst du eigentlich die Grenzen? Wie viel willst du uns schaffen lassen?"

Offensichtlich sind seine Grenzen weit genug, um die ganze Welt zu umfassen. Also beten wir genau dafür: „O Gott, lass uns die ganze Welt für dich erreichen."

Im Januar 1998 fingen wir mit *WorldTeach* an, einer begeisternden Arbeit mit Bibellehrern in allen Ländern der Welt, die ihr eigenes Volk in der Bibel unterrichten wollen. Unser Ziel ist es, in 15 Jahren 120.000 gläubige Christen anzuwerben und auszubilden, die jedes Jahr einen neuen Bibelkurs halten.

Gott geht schneller auf unsere Projekte im Jabez-Format ein, als man sich je vorstellen könnte. Im Jahr 2000 konnten wir alle 17 Tage eine *WorldTeach*-Filiale in einem neuen Land eröffnen (inzwischen sind wir beim Stand von 38 Ländern). Bis Mai 2001 haben wir fast 9.000 Bibellehrer ausgebildet – 3.000 mehr, als wir geplant hatten.

Während dieses Buch in den Druck geht, bin ich in Indonesien und lege den Grundstein für *WorldTeach* in Südostasien. In diesem islamischen Land sind mit Gottes Hilfe schon mehr als 1.000 Bibellehrer in größeren Städten ausgebildet worden.

Wie Gott gegenwärtig handelt, kann mit menschlichen Worten gar nicht erklärt werden, und niemand kann es sich selbst zugute halten. Ich will damit nur zeigen, was passieren kann, wenn ganz normale Menschen anfangen, im großen Maßstab zu beten – und sich dann zu erkunden trauen, was Gott vorhat.

Laufen und gewinnen

Glaubst du, dass Gott Lieblingskinder hat? Ich glaube schon. Jabez kam zu seinem Ansehen, weil er von ganzem Herzen wollte, was Gott ihm zugedacht hatte.

Gott möchte auch junge Leute wie dich zu Ehren bringen, die von ganzem Herzen nach einem Leben mit „mehr Ansehen" streben (wie ein Junge, der einmal zu mir sagte: „Ich habe immer gewusst, dass ich ein Licht bin, das nur darauf wartet zu leuchten"). Wenn du eines Tages im Himmel vor Gott stehst, dann wirst du wohl kaum hören wollen: „Na, das ging gerade so eben." Viel lieber würden wir doch alle hören: „Gut gemacht!"

In Gottes Augen mehr Ansehen haben zu wollen, hat mit Stolz oder Egoismus nichts zu tun. „Mehr Ansehen" ist Gottes Urteil über Jabez, nicht das, was Jabez von sich selbst denkt. Wenn du also den heißen Wunsch hast, bei Gott angesehen zu sein, dann machst du ihm Freude.

> Weil du Jesus kennst, hast du mehr geistliche Reserven als Jabez.

Mir ist aufgefallen, dass man fast immer den mittelmäßigen und durchschnittlichen Alltag hinter sich lassen muss, um zu Ansehen zu kommen. Damit wird man aber nicht plötzlich zum Superheiligen. Bei Gott kommen eher die ganz normalen Menschen zu Ansehen, und zwar solche, die sich von ganzem Herzen für Jesus einsetzen wollen.

„Aber ich lasse alles hinter mir", schrieb Paulus, „und sehe nur noch, was vor mir liegt. Ich halte geradewegs auf das Ziel zu, um den Siegespreis zu gewinnen. Dieser Preis ist das neue Leben, zu dem Gott mich durch Jesus Christus berufen hat" (Philipper 3,13–14).

Der Jesus-Faktor

Vergiss nie den Vorsprung, den du durch Jesus hast, wenn du das Gebet des Jabez praktizierst. Was meine ich damit? Denk mal nach. Als Jabez noch lebte und zu Gott betete, war Jesus noch nicht zu uns auf die Erde gekommen. Er war noch nicht für unsere Sünden gestorben. Jabez war also seiner Zeit voraus und wurde wegen seines Gebets gesegnet, kannte aber nicht den Segen, den wir haben, weil wir Jesus persönlich begegnet sind.

Du aber kennst ihn. Und weil du Jesus kennst, hast du eine viel bessere Ausgangsposition und mehr geistliche Ressourcen als Jabez. Allein deine Beziehung zu Jesus verhilft dir zu Ansehen vor Gott. Das ist der Jesus-Faktor.

Als Jabez Gott bat, ihn zu segnen, konnte er noch nicht den größten Segen aller Zeiten empfangen. Denn der ist denen vorbehalten, die an Jesus glauben und in alle Ewigkeit erlöst sind. Für dich also gilt: „Wer sich auf den Sohn verlässt, wird ewig leben" (Johannes 3,36).

Als Jabez Gott bat, sein Gebiet zu erweitern, konnte er sich nicht auf die Kraft und Hilfe des Heiligen Geistes berufen. Aber für dich gilt: „Jesus antwortete ... Aber ihr werdet vom Geist Gottes erfüllt werden. Der wird euch fähig machen, überall als meine Zeugen aufzutreten ..." (Apostelgeschichte 1,7–8).

Als Jabez darum betete, Gottes Hand möge mit ihm sein, konnte er in seiner Schwäche noch nicht die Gnade und Kraft von Jesus erleben. Du aber kannst das. Paulus schrieb: „Aber er (Jesus) hat mir gesagt: Du brauchst nicht mehr als meine Gnade. Je schwächer du bist, desto stärker erweist sich an dir meine Macht. Jetzt trage ich meine Schwäche gern, ja ich bin stolz darauf, damit die Kraft Christi sich an mir erweisen kann" (2. Korinther 12,9).

Als Jabez darum betete, das Böse möge von ihm fern gehalten werden, konnte er sich nicht auf den Einen berufen, der wie wir versucht worden ist, aber nie gesündigt hat. Du aber kannst das: „Was er (Jesus) selbst erlitten hat und was ihm abverlangt worden ist, befähigt ihn nun, den Menschen zu Hilfe zu kommen, die so wie er auf die Probe gestellt werden" (Hebräer 2,18).

Wer die Nähe zu Jesus Christus sucht, hat den allerbesten Ausgangspunkt, um engen Kontakt mit Gott zu bekommen. Als Gott seinen Sohn Jesus auf die Erde sandte, zeigte er damit seinen Wunsch, uns mit der Erlösung und dem ewigen Leben zu segnen. Wenn du Gott noch nicht persönlich durch Jesus Christus kennen gelernt und seinen Tod als Lösegeld für deine Sünden angenommen hast, dann schieb das bitte keine Minute mehr auf. Sonst könnte dir der größte, wichtigste Segen im ganzen Universum entgehen!

Dranbleiben

Ich hatte gesagt, dass nur eins nötig ist, wenn man wie Jabez leben will. Mark aus Oklahoma aber meint, man muss zwei Dinge beachten. Das jedenfalls hat er mir hier geschrieben:

Ich will nur auf zwei Dinge hinweisen. Erstens sollte auf dem Gebet des Jabez eine Warnung stehen. Wenn man auf Jabez-Art ernsthaft und ehrlich zu unserem Vater betet, dann passieren Wunder! Da haben Sie Recht. Wunder werden zu beinahe schon alltäglichen Vorfällen im Leben eines Christen, der gewissenhaft dieses kleine Gebet spricht. Wir müssen dranbleiben!

Zweitens sollte das Gebet des Jabez mit Sicherheitsgurt geliefert werden! Es fängt ganz schön an zu schaukeln im Leben! Seit ich wie Jabez bete, haben sich auf einmal eine Menge Leute für die christlichen Botschaften auf meinen diversen Websites interessiert. Da schicken mir Atheisten E-Mails, rufen mich an, wollen mit mir zusammenarbeiten und kommen sogar mitten in der Nacht in fremden Städten auf mich zu. Ich habe in meinem ganzen Leben noch nie so oft mit Nichtchristen über Jesus gesprochen!

Ich bin mir nicht sicher, warum ich diese verschärfte „Lizenz zum Zeugnisgeben" von meinem Vater bekomme, aber ich verlasse mich darauf, dass er weiß, was er tut, und einen perfekten Plan für mein Leben entworfen hat!

Wenn du bei der Jabez-Revolution dabei sein willst, dann schnall dich an! Eine wunderbare Abenteuertour wartet auf dich. Gott wartet nur darauf, seine sagenhafte Macht in deinem Leben wirken zu lassen. Und er überschüttet dich bis in alle Ewigkeit mit seinem Ansehen und seiner Freude.

> Wenn du bei der Jabez-Revolution mitmachen willst, dann schnall dich an! Eine wunderbare Abenteuertour wartet auf dich.

Gehörst du schon zur Jabez-Million?

Wir laden dich ein, diese Welt mitzuprägen. Mach gleich jetzt bei der Jabez-Gebetsrevolution mit. Eine Million Teenager schließen sich zusammen und beten ein Jahr lang täglich das Jabez-Gebet für sich selbst und unsere Welt.

Unser Ziel? Gewaltig.
(Wir wollen die ganze Welt für Gott gewinnen.)

Unsere Chancen? Lächerlich.
(Das heißt, ohne Gott.)

Unser Gebet? Heftig.
(Aber Gott hört uns und will uns erhören.)

Besuch uns auf unserer Website (siehe unten), und sag uns, dass wir auf dich zählen können. Dann sagen wir dir, wie es weitergeht. Die Jabez-Million: Eine Million Teens weltweit, die Gott um die ganze Welt bitten, Tag für Tag. Gott wartet nur darauf, dass du ihn um das bittest, was er dir am liebsten geben will – und zwar von ganzem Herzen. Es wird Zeit, ihn endlich darum zu bitten ...

www.prayerofjabez.com/teens

Anleitungsteil

Jabez-Gespräche

Nutze das Material auf diesen Seiten als Denkanstoß für dich selbst oder für eine Gruppe. Wenn du Jugendleiter bist und für deine Jugendgruppe Lernschritte erarbeiten willst, besuch uns auf jeden Fall auf unserer Website: *www.prayerofjabez.com/teens*. Wir schicken dir dann das Leiterhandbuch The Prayer of Jabez for Teens, Leader's Guide zu (bisher leider nur auf Englisch erhältlich).

Zu Kapitel 1: Kleiner Mann, großes Gebet

Leitgedanken:

Gott hält ein bedeutendes und erfülltes Leben für dich bereit, egal, wer du bist oder in welchen Verhältnissen du lebst. Wenn du seine Güte, Liebe und Macht auf die Probe stellst und ihn um seine Gnade bittest, dann setzt er dich für seine Ziele in der Welt ein. Aus dir wird damit einer von seinen „V.I.P's", den „Very Important Persons", mit denen er Geschichte schreibt!

Zur Gesprächseröffnung:

1. Welche Entscheidung hat dein Leben bisher am stärksten verändert?

2. Beschreib ein Leben, das deiner Meinung nach bei Gott wirklich Geltung hätte. Glaubst du, Gott würde dir so ein Leben gönnen?

3. In welcher Hinsicht hat dein Leben mit dem von Jabez Ähnlichkeiten? In welcher Hinsicht unterscheidet es sich davon?

4. Glaubst du, dass du auf ein Leben mit mehr „Ansehen" vor Gott eingestellt bist? Fällt dir irgendetwas ein, das dich davon abhält?

5. Hast du schon mal das Gefühl gehabt, Gott sei mit seiner Kraft durch dich und in deiner Umgebung am Werk? Wie hast du das gemerkt? Was ist passiert?

Zu Kapitel 2: Fragen kann man ja

Leitgedanken:

Gott will dich segnen, weil er dich liebt. Außerdem macht er seinen Kindern gern Geschenke! Gottes Segen, ob klein oder groß, ist für dich erfahrbar und erfüllt dein Leben. Gott segnet dich auch, damit du ein Segen für andere wirst. Es gibt einfach nichts Besseres als ein „gesegnetes Leben". Es gibt allerdings einen Haken: Man muss Gott darum bitten.

Zur Gesprächseröffnung:

1. Was war bisher der größte Segen deines Lebens, der deiner Überzeugung nach von Gott kam?

2. Welcher Mensch hat bisher den segensreichsten Einfluss bei dir hinterlassen? Warum?

3. Worum würdest du Gott bitten, wenn du könntest? Würde dir diese Bitte egoistisch vorkommen? Glaubst du, Gott würde dich wegen dieser Bitte für egoistisch halten?

4. Wie stellst du dir normalerweise Gott vor – eher geizig und verurteilend oder großzügig und gnädig?

5. Hattest du schon mal das Gefühl, dass Gott dir etwas gegeben oder für dich getan hat, damit du andere damit segnen konntest? Wenn ja, was ist dann passiert?

Zu Kapitel 3: Zur Größe bestimmt

Leitgedanken:

Gott möchte, dass wir unseren Einfluss und unsere Wirkung

für ihn vergrößern (er weiß, dass wir sowieso nur dadurch das Maß an Zufriedenheit und Begeisterung finden, das im Leben zählt!). Er möchte, dass wir mehr für ihn darstellen und unternehmen. Wie viel mehr? Also: Gott liebt *die ganze Welt* (ist das schon mal ein Hinweis?). Statt von *Gebiet* kann man auch von *Dienst* reden. So ein geistlicher Dienst oder Einsatz für Gott findet immer dann statt, wenn wir zulassen, dass Gott uns zum Nutzen eines anderen Menschen gebraucht. Wir erweitern unseren Einfluss für Gott erst einmal bei den Menschen, die uns nahe stehen (jeder hat so ein Gebiet). Gott kann uns aber auch mit Leuten zusammenbringen, die wir überhaupt nicht kennen. Man könnte hier von Jabez-Begegnungen sprechen – von Gott arrangierte Begegnungen, bei denen Gott uns um seiner großen und begeisternden Ziele willen ein „neues Gebiet" schenkt. Sei offen dafür, dass sich direkt vor deinen Augen Wunder ereignen!

Zur Gesprächseröffnung:

1. Was ist der größte Traum, den du dir für Beruf oder Dienst vorstellen kannst?

2. Welche Menschen in deinem Umfeld, von Eltern oder Geschwistern mal abgesehen, inspirieren dich am meisten, mehr für Gott zu sein und zu tun? Was an ihrem Vorbild macht solchen Eindruck auf dich?

3. Hast du schon immer geglaubt, dir könnte ein wichtiges und einflussreiches Leben blühen? Oder denkst du norma-

lerweise, dass so ein Leben für dich nicht in Frage kommt; falls doch, dann erst viiiiel später? Warum?

4. Hast du schon mal so etwas wie eine Jabez-Begegnung gehabt – ein überraschendes Zusammentreffen mit einem Menschen, das anscheinend von Gott arrangiert worden war? Was ist passiert?

5. Wie würde sich dein Leben verändern, wenn du anfängst, dir vorzustellen, dass Gott deinen Dienst erweitern will? Wenn du dich *täglich* auf eine Jabez-Begegnung gefasst machst?

Zu Kapitel 4: Die Kraftquelle

Leitgedanken:

Sobald du dich aufmachst, etwas Großes für Gott zu tun, wird dir klar, dass du es nicht allein schaffst. Du brauchst Gottes Kraft – nicht zu knapp, und zwar sofort! Eigentlich wäre es angebracht, vor der Größe der Aufgabe Angst zu bekommen. Solche Gefühle aber beweisen wahrscheinlich nur, dass du auf der richtigen Bahn bist. Auf jeden Fall kann man Gottes Werk nicht ohne seine Kraft leisten. Bitte also darum, mit dem Heiligen Geist erfüllt zu werden. Dann gibt dir Gott seinen Geist, damit er *durch* dich wirken kann, um die Welt zu erreichen. Er möchte dich gleich jetzt mit einem Leben beschenken, wie es kaum überraschender, wichtiger und spannender sein könnte.

Zur Gesprächseröffnung:

1. Kannst du dich an ein Ereignis erinnern, wo du dir sicher warst, dass Gottes Kraft fühlbar zu spüren war? Was hat sie bewirkt?

2. Kennst du einen Menschen, dem es offensichtlich gelingt, sich auf Gottes Kraft zu verlassen, um etwas zu bewirken? Wie wirkt sich diese Fähigkeit auf sein Leben aus?

3. Zähl drei Bereiche auf, in denen du gut bist. Könnte Gott diese Begabungen so nutzen wollen, dass es dir bald zu groß und einschüchternd wird und du dich ganz auf ihn verlassen müsstest? Wenn ja, wie?

4. Warum möchte Gott uns deiner Meinung nach in Situationen bringen, in denen wir das Gefühl haben, dass uns die Sache über den Kopf wächst?

5. Stell dir vor, dass so eine Aufgabe für Gott dir über den Kopf gewachsen ist. Was bleibt dir übrig, außer dich von Gott und der Aufgabe abzuwenden? Wie könnte sich dein Leben verändern, wenn du dich nicht zurückziehst?

Zu Kapitel 5: Von Gladiatoren lernen

Leitgedanken:

Wenn du neue Gebiete für Gott eroberst, dann nimmst du sie dem Satan ab. Das hat Versuchungen und Gegenwind zur Folge. Doch statt nur um Sicherheit oder Kraft zu beten, kannst du Gott bitten, das Böse von dir fern zu halten. Auch Jesus hat seine Jünger so beten gelehrt: „Führe uns nicht in Versuchung, sondern erlöse uns von dem Bösen." Wenn du Gott bittest, erhört er dich. Er wird dich vor Versuchungen bewahren. Mach aber auch deine Hausaufgaben und halte dir die Versuchungen selbst vom Leibe. Dann ersparst du dir das Leid, das Sünde unvermeidlich nach sich zieht.

Zur Gesprächseröffnung:

1. Würdest du dich als Person beschreiben, die leichtfertig mit Versuchungen umgeht, oder als jemand, der alles tut, um Versuchungen aus dem Weg zu gehen?

2. Welche Person kommt dir in den Sinn, wenn du überlegst, wer dir als leuchtendes Vorbild für ein anständiges Leben fern der Versuchung dienen könnte?

3. Bei welchen Versuchungen hast du es deiner Meinung nach am nötigsten, Gott um Schutz zu bitten?

4. Wann hast du schon einmal unter der Sünde von anderen

gelitten? Welches Leid hast du dir selbst und anderen zugefügt, weil du gesündigt hast?

5. Wo in deinem Leben könnte der leichtfertige Umgang mit Versuchungen bewirkt haben, dass Gottes Segen dich nicht mehr erreicht? Wodurch könntest du für Abhilfe sorgen?

Zu Kapitel 6: Das Gebet des Jabez gehört dir

Leitgedanken:

Mit dem Gebet des Jabez kannst du einen Grundstein dafür legen, dein ganzes Leben lang Gottes Segen zu empfangen und für Gott zu wirken. Ein paar einfache Schritte helfen dir, auf Dauer nach dem Besten für dein Leben zu streben – Gottes Plänen mit dir! Gott verschafft einigen seiner Kinder mehr Ansehen als anderen. Wenn er sie besonders ehrt, dann deshalb, weil sie wollen, was auch er will, und weil sie alles daransetzen, ihm möglichst gut zu dienen. Als Christ gehört dir das größte aller Geschenke – die Liebe von Jesus Christus. Er selbst gibt dir das Beste, das von Gott kommt, und zwar für jetzt und in Ewigkeit.

Zur Gesprächseröffnung:

1. Haben sich deine Erwartungen an das, was möglich ist – und was Gott für dich will –, verändert, seit du angefangen hast, dieses Buch zu lesen?

2. Welches Problem könnte dich davon abhalten, erfolgreich den 30-Tage-Plan durchzuhalten, um letzten Endes aus dem Gebet des Jabez eine lebenslange Gewohnheit zu machen? Was könntest du unternehmen, um dieses Problem zu beseitigen oder dich dagegen durchzusetzen?

3. Welchen Freunden (die dich aufbauen) und Vertrauenspersonen (Mentoren mit Durchblick) könntest du von deinem Jabez-Versprechen erzählen? Beschreib einen oder zwei einfache Schritte, mit denen sie dir helfen können, durchzuhalten.

4. Hast du schon einmal Jesus gebeten, dir verständlich zu machen, was das Geschenk seiner Erlösung und das neue Leben durch ihn bedeutet? Woran könnte es deiner Meinung nach noch bei dir fehlen?

5. Stell dir vor, du schreibst einen Nachruf auf dich selbst und müsstest mit drei Sätzen alles sagen, was du für Gott gewesen bist und für ihn getan hast. Was würde darin stehen?

Über den Autor

Dr. Bruce Wilkinson, Autor des Megabestsellers *Das Gebet des Jabez,* ist Gründer und Präsident von *Walk Thru the Bible* und *WorldTeach,* einer internationalen Arbeit, die sich zu anspruchsvoller biblischer Lehre, Methoden und Ausbildung verpflichtet sieht. Er ist außerdem Autor der Bücher *Secrets of the Vine* und *The Life God Rewards* und hat viele andere Werke verfasst. Bruce und seine Frau Darlene wohnen seit kurzem in Südafrika, wo sie sich für Menschen einsetzen, die an der tödlichen Immumschwäche AIDS erkrankt sind.